공감한다는 것

너머학교 열린교실 21

공감한다는 것

이주언·이현수 글 키미앤일이 그림

너머학교

사람은 자연학적으로는 단 한 번 태어나고 죽지만 인문학적으로는 여러 번 태어나고 죽습니다. 세포의 배열을 바꾸지도 않은 채 우리의 앎과 믿음, 감각이 완전 다른 것으로 변할 수 있습니다. 이것은 그리 신비한 이야기가 아닙니다. 이제까지 나를 완전히 사로잡던 일도 갑자기 시시해질 수 있고, 어제까지 아무렇지도 않게 산 세상이 오늘은 숨을 조이는 듯 답답하게 느껴질 때가 있습니다. 내가 다른 사람이 된 것이지요.

어느 철학자의 말처럼 꿀벌은 밀랍으로 자기 세계를 짓지만, 인간은 말로써, 개념들로써 자기 삶을 만들고 세계를 짓습니다. 우리가 가진 말들, 우리가 가진 개념들이 우리의 삶이고 우리의 세계입니다. 또 그것이 우리 삶과 세계의 한계이지요. 따라서 삶을 바꾸고 세계를 바꾸는 일은 항상 우리 말과 개념을 바꾸는 일에서 시작하고 또 그것으로 나타납니다. 우리의 깨우침과 우리의 배움이 거기서 시작하고 거기서 나타납니다.

아이들은 말을 배우며 삶을 배우고 세상을 배웁니다. 그들은 그렇게 말을 만들어 가며 삶을 만들어 가고 자신이 살아갈 세계를 만들어 가지요. '생각교과서—열린교실' 시리즈를 준비하며, 우리는 새로운 삶을 준비하는 모든 사람들, 아이로 돌아간 모든 사람들에게 새롭게 말을 배우자고 말하고자 합니다.

무엇보다 삶의 변성기를 경험하고 있는 십대 친구들에게 언어의 변성기 또한 경험하라고 말하고 싶습니다. 그래서 자기 삶에서 언어의 새로운 의미를 발견한 분들에게 그것을 들려 달라고 부탁했습니다. 사전에 나오지 않는 그 말뜻을 알려 달라고요. 생각한다는 것, 탐구한다는 것, 기록한다는 것, 읽는다는 것, 느낀다는 것, 믿는다는 것, 논다는 것, 본다는 것, 잘 산다는 것, 사람답게 산다는 것, 그린다는 것, 관찰한다는 것, 말한다는 것, 이야기한다는 것, 기억한다는 것, 가꾼다는 것, 차별한다는 것, 듣는다는 것, 쓴다는 것, 공감한다는 것……. 이 모든 말의 의미를 다시 물었습니다. 그리고 서로의 말을 배워 보자고 했습니다.

'생각교과서―열린교실' 시리즈가 새로운 말, 새로운 삶이 태어나는 언어의 대장간, 삶의 대장간이 되었으면 합니다. 무엇보다 배움이 일어나는 장소, 학교 너머의 학교, 열려 있는 교실이 되었으면 합니다. 우리 모두가 아이가 되어 다시 발음하고 다시 뜻을 새겼으면 합니다. 서로에게 선생이 되고 서로에게 제자가 되어서 말이지요.

고병권

차례

들어가며

16세기 어느 가을날 영국 런던의 가난한 집에 톰이라는 아이가 태어납니다. 그와 동시에 왕궁에서는 에드워드 왕세자가 태어나죠. 한날한시에 태어난 톰과 에드워드는 겉모습도 똑같습니다. 나중에 우연히 만난 둘은 서로 똑같이 생긴 걸 보고 놀랍니다. 그리고 서로의 처지를 부러워하죠. 에드워드 왕자는 잔소리 없이 진흙탕에서 마구 뒹굴며 놀 수 있는 톰이 부러웠고요. 톰은 화려한 옷을 입고 맛있는 음식을 마음껏 먹을 수 있는 왕자가 부러웠습니다. 그래서 둘은 옷을 바꿔 입고 놀아 보기로 합니다.

마크 트웨인의 소설 『왕자와 거지』에서는 똑같이 생긴 왕자와 거지가 재미 삼아 옷을 바꿔 입었다가 둘의 역할이 바뀌는 해프닝을 이야기합니다. 원래 왕자였던 에드워드는 톰의 옷으로 갈아입은 후 경비병에게 호통치다가 궁에서 쫓겨납니다. 누구도 자신이 왕자라는 것을 믿어 주지 않는 바깥세상에서 배고픔과 추위를 견뎌야만 했습니다. 반대로 톰은 궁에서 풍요롭게 지냈지만, 익숙하지 않은 예법 때문에 고생합니다. 자신이 왕자가 아니라는 사실을 들킬까 봐 항상 불안에 떨며 지내죠.

톰과 에드워드의 역할이 뒤바뀐 채로, 대관식까지 거행되려 합니다. 대관식이 진행되려는 순간 에드워드가 거지꼴로 행사장에 나타납니다. 톰의 도움을 받아 에드워드는 자신이 진짜 왕세자라는 것을 증명합니다. 왕이 된 에드워드는 자신의 신분을 되찾는 데 결정적인 역할을 한 톰의 후견인이 됩니다. 자신이 직접 톰을 보호하고 지지하겠다는 의미예요. 왕을 후견인으로 둔 톰은 사람들에게 존경을 받으며 남은 삶을 보냅니다. 에드워드 왕은 궁 밖에서 지냈던 경험을 살려 백성을 사랑하는 자비로운 통치를 펼쳤다는 내용으로 소설이 마무리됩니다.

몸이나 역할이 바뀐다는 설정은 아주 옛날부터 사람들의 흥미를 끌었습니다. 전래 동화 중에도 『소가 된 게으름뱅이』가 있지요. 몸 바꾸기 설정은 요즘 이야기에서도 자주 볼 수 있어요. 영화나 드라마, 웹툰으로 말이죠. 몇 년 전 흥행했던 영화 「광해」나 「수상한 그녀」, 「너의 이름은」 같은 작품에서도 볼 수 있죠. 이런 설정이 왜 사람들의 흥미를 끌까요? 익숙하지 않은 역할을 연기해야 하는 주인공의 행동 때문에 웃게 됩니다. 하지만 웃음만으로는 부족하죠.

웃긴 것만 있다면 이런 이야기 구조가 사람들에게 꾸준히 흥미를 끌지 못할 거예요. 다른 사람의 시선에서 세상을 바라보게 된 주인공이 한쪽으로 치우쳤던 예전의 시각에 대해 반성하고, 내면적으로 성장하는 모습이 사람들에게 감동을 주기 때문일 겁니다. 『소가 된 게으름뱅이』에서 주인공은 소가 온종일 앉아서 풀을 뜯으며 편하게 사는 줄 알았죠. 일소가 되어 채찍을 얻어맞으며 일을 하고 나서야 자신의 잘못을 깨닫습니다. 『왕자와 거지』에서 에드워드는 거지의 삶이 자유로워서 좋겠다고 생각했지만, 직접 가난한 삶을 겪으면서 반성합니다.

이런 이야기 구조에서 주인공은 역할을 바꾸기 전에는 전혀 이해 하지 못했던, 그래서 미워하고 증오하기도 했던 사람들을 이해하고 그들과 화해합니다. 이야기를 보면서, 우리는 주변 사람을 되돌아보 기도 합니다. 우리 자신도 저렇게 이해받고 싶다는 생각을 할 수도 있죠. 몸 바꾸기 설정은 이야기를 보는 사람에게 공감받고 싶다는 생각을 불러일으킬 뿐만 아니라, 공감을 하도록 자극하는 이야기 구 조이기도 합니다.

몸 바꾸기 설정을 반대로 생각해 봅시다. 몸이 바뀔 정도로 비현 실적인 일이 일어나지 않는다면, 다른 사람들에게 공감하는 것이 그 만큼 어렵다는 말이기도 합니다. 몸이 바뀐다는 환상적인 설정은 우 리가 사는 현실 세계와 동떨어져 보여요. 엄마나 친구 또는 주변 사 람에게 공감받고 싶을 때, '제 입장이 되어 보세요.'라고 속으로 생각 한 적이 있을 거예요. 하지만 그렇게 입장을 바꿔서 공감하는 것이 쉬운 일은 아닙니다.

누구나 공감을 받고 싶어 하죠. 설령 다른 사람에게 전혀 공감하 지 못하는 사람일지라도, 정작 자신은 공감받고 싶어 합니다. 공감을 받고 싶어 하는 마음이, 서로 공감하고 싶은 마음이 몸 바꾸기 이야기 구조에 반영되어 있습니다. 그러나 그런 바람이 현실에서는 잘 이루어지지 않기 때문에, 몸 바꾸기 설정의 이야기가 오랫동안 사람들의 흥미와 관심을 끌어온 것입니다.

공감받는 것이 왜 이렇게 어려운 일일까요? 거꾸로 우리가 다른 사람에게 공감하는 것도 왜 이렇게 어려울까요? 우리가 다른 사람에게 공감하면 어떤 일이 일어날까요? 공감하는 것이 무조건 좋기만 한 일일까요?

이 책에서 앞으로 같이 고민하려는 질문들입니다. '공감이 왜 이렇게 어려운지', 그럼에도 불구하고 '우리가 공감해야 하는 이유는 무엇인지', '우리의 관심과 공감이 필요한 사람들은 누구인지', '그런 사람들을 위해서 우리는 무엇을 할 수 있을지' 같이 고민해 봅시다.

여러분과 같이 고민할 저희는 주언과 현수입니다.

주언과 현수는 같은 점이 많습니다. 둘 다 부산에서 태어났고, 같은 고등학교에 다녔습니다. 우리가 다닌 고등학교는 바닷가 바로 옆에 있어서 수업 시간에 고개를 옆으로 돌리면 멋진 바다가 보였습니다. 같은 대학을 지원해서 면접을 보러 갈 때 비행기를 처음 타 보았습니다. 책을 좋아해서 친구일 때 책을 서로 바꿔 읽으며 추천해 주기도 했습니다. 둘 다 산을 좋아하고 달리기도 좋아합니다. 아이들에게 공부 많이 하라고 잔소리하는 부모가 되고 싶지 않습니다.

주언과 현수는 다른 점도 많습니다. 주언은 공부든 일이든 사람들과 함께하는 것을 좋아하는데, 현수는 혼자서 하는 것이 더 편합니다. 주언은 밤에 늦게까지 깨어 있길 잘하고, 현수는 아침에 일찍 일어나길 잘합니다. 주언은 설레는 일은 힘들어도 기회 비용을 생각하지 않고 해야 직성이 풀리는데, 현수는 무리하지 않고 계획적으로 꾸준히 하는 것을 중요하게 생각합니다.

주언은 국어와 사회를 좋아해 법대에 갔고, 지금은 변호사로 일하고 있습니다. 현수는 수학과 과학을 좋아해 의대에 갔고, 지금은 대학에서 학생들을 가르치고 있습니다. 둘은 오랫동안 친구로 지내다가 어느 날 서로 얘기가 잘 통하는 짝꿍이라는 생각을 하게 되었고, 결혼해서 두 아이의 부모가 되었습니다.

공감한다는 것은
어떤 것일까

할머니로 변신하기

오늘 집에 있는 냉장고를 열어 본 적이 있나요? 냉장고 문을 열 때 손잡이의 느낌이 어땠나요? 1970년대 냉장고의 손잡이는 요즘 냉장고 손잡이에 비해 작고 투박했어요. 부드러운 곡선 형태가 아니라 작은 사각기둥 모양의 손잡이가 튀어나온 형태였어요.

1974년 미국 뉴욕의 디자인 회사에 패트리샤 무어라는 사람이 입사합니다. 그때 무어는 스물한 살이었죠. 신입 디자이너로 열심히 일하던 무어는 어느 날 "어떻게 하면 관절염에 걸린 노인들도 쉽게 냉장고 문을 열 수 있을까?"라는 질문을 떠올립니다. 새로 나올 냉장고를 어떻게 디자인하면 좋을지 논의하던 중이었죠. 그 질문을 들은 선배 디자이너는 "그런 고민을 할 필요도 없고, 우리는 노인들을 위해 디자인을 하는 게 아니야."라며 딱 잘라 말했지요.

그런데 무어는 선배나 다른 팀원들이 자기 의견을 무시하는 것에 오히려 오기가 발동했죠. 어릴 적부터 할머니, 할아버지와 같이 살며 커 온 무어에게는 노인들을 위해 디자인하는 것이 너무도 당연한 일이었어요. 평범한 디자이너였던 무어는 이 일을 계기로 직접 노인이 되어 보기로 결심했습니다. 노인의 불편함을 체험해 보려고 노인으로 변장해서 집 안의 물건을 써 보고, 미국 곳곳을 돌아다녀 보기로 한 거죠.

여든 살이 넘는 할머니가 되기 위해 무어는 앞이 흐릿하게 보이는 뿌연 안경을 썼습니다. 귀에는 솜을 넣어 잘 들리지 않게 했고요. 허리에 붕대를 감아 구부정한 자세로 지팡이를 짚었습니다. 게다가 팔과 다리에도 부목을 덧대 움직이기 불편하게 했지요. 심지어 신발의 밑창도 울퉁불퉁하게 만들어 정말 걷기조차 힘들게 분장했습니다.

무어는 할머니로 변신한 뒤 미국의 여러 도시를 돌아다녔어요. 1979년에 시작한 변신 실험은 1982년까지 이어졌습니다. 할머니 — 무어는 3년 동안 100여 곳이 넘는 장소를 방문했어요. 지하철과 버스를 타 보기도 했고요. 초록색 신호가 바뀌기 전에 횡단보도를 지나가려고 애쓰기도 했습니다. 당연히 냉장고 문의 손잡이도 당겨 봤겠죠.

변신 실험을 통해 무어는 할머니로서 집 밖을 다니기에 몹시 불편하다는 것을 알게 되었습니다. 인도를 따라 걷다가도, 도로와 인도 경계에 있는 계단 구조를 넘는 게 힘들었죠. 걸려 넘어지기도 쉬웠고요. 횡단보도의 신호등 시간은 얼마나 짧았던지요. 버스를 탈라치면 그 높은 계단을 오르기 위해 온 힘을 다해야 했죠. 지하철을 탈 때도 지하철 사이 틈에 빠지지 않으려고 온 신경을 다 써야 했죠. 가

게나 건물로 들어갈 때도 계단을 올라야만 했습니다. 도시 전체가 할머니에게 돌아다니지 말라고 소리치는 것 같았죠.

집 안도 마찬가지였습니다. 집 안에서 늘 써 왔던 물건들이 할머니에게는 너무 불편했습니다. 건강한 자신이 이전에 디자인했던 제품들도 마찬가지였죠. 냉장고 문의 손잡이는 손가락 관절이 뻣뻣하면 잘 잡히지도 않았고요. 주방 가위나 집게도 제대로 쥐고 쓰기에는 너무 힘이 들었습니다.

무어는 할머니로 변장해 겪었던 불편한 경험을 개선하고자 우선 자신이 할 수 있는 일부터 시작했어요. 디자이너로서 모든 사람이 편하게 쓸 수 있는 물건을 만드는 것이었죠. 손가락, 손목 관절이 뻣뻣한 할머니 할아버지도 쓸 수 있는 냉장고 손잡이를 디자인하고, 손이 작고 힘이 약한 아이들도 편하고 안전하게 쓸 수 있는 주방용품을 디자인했어요. 이걸 무어는 보편적 디자인이라고 불렀어요.

무어는 디자이너로서 성공했고 명성도 얻게 됩니다. 냉장고 손잡이가 부드럽게 잡히는 느낌이 든다면 그건 무어 덕분입니다. 편한 주방용품도 마찬가지예요. 여행용 가방에 바퀴를 단 것도 무어가 한 거예요. 무어는 집 안의 물건을 쓰기 편하게 바꾸는 것에서 점점 보편적 디자인의 범위를 넓혀 나갑니다. 할머니 – 무어로서 도시 여행을 한 경험을 활용했어요. 대표적인 예가 저상버스예요.

무어는 보편적 디자인이라는 개념을 더 많은 사람이 이해하고 활용하길 바랐어요. 노인을 위한 환경 개선과 권리를 위해 앞장서는 운동가로 활동했죠. '미국장애인법'이 제정될 때, 그 법안에 장애인 당사자의 입장을 반영하도록 영향을 주기도 했습니다. 무어는 디자인에 대한 새로운 개념을 창시했을 뿐만 아니라 다른 사람의 인식을 개선하는 운동가로서도 활동했던 거예요.

다른 사람들도 보편적 디자인이라는 개념을 받아들이고 이해하기 위해 무어처럼 꼭 변신 실험을 해야만 할까요? 꼭 그렇지만은 않을 거예요. 누군가를 이해하기 위해 변신하고 몇 년씩 지내야만 한다면, 이해와 공감은 너무 어려워서 시도조차 어려울 것 같아요. 그만큼 다른 사람들을 설득하는 것도 힘들겠죠. 하지만 우리는 충분한 대화를 통해서도 이해와 공감을 할 수 있습니다. 직접 만나 이야기를 나누면 더욱 효과적이죠. 누군가를 직접 만나 대화를 하고, 그 결과 행동이 변화한 경험은 이 책을 쓴 저도 공익변호사로 활동하면서 겪었습니다.

울산에서 이야기 듣기

2020년 5월 초 저와 동료 변호사들은 울산의 어느 병원 로비에서 한 여성을 만났습니다. 그분은 여기까지 와 주어 고맙다며 연신 눈물을 흘렸고, 저희는 그분의 손을 잡고 같이 눈물을 훔쳤습니다. 이

분에게는 어떤 사연이 있었을까요?

6개월을 거슬러 올라간 2019년 겨울에 저는 한 사건을 의뢰받았습니다. 울산에 사는 부부의 사연이었어요. 남편이 갑자기 쓰러져 식물인간이 되면서 안타까운 상황이 벌어졌지요. 원래 남편이 공무원으로 일하면서 돈을 벌었고, 여전히 남편의 이름으로 된 통장에 돈이 있었습니다. 병원비를 내고, 생활비를 쓰기 위해서는 그 돈이 필요했죠. 부인이 남편의 통장에 있는 돈을 쓰기 위해 은행에 방문했더니, 은행에서는 아무리 부부라도 그냥 돈을 뺄 수는 없다며, '성년후견'이라는 것을 신청해야 한다고 안내했습니다. 부인이 남편의 후견인으로 지정되면, 남편을 대신해 은행 업무 말고도 각종 행정 처리를 할 수 있다고 했습니다.

부인은 법원에 성년후견을 신청했고, 어렵지 않게 성년후견인으로 지정되었습니다. 부인은 남편을 대신하여 남편의 통장에 있는 돈을 병원비와 생활비로 쓸 수 있었어요. 하지만 얼마 뒤 남편의 공무원 자격이 박탈되었다는 소식을 듣게 됩니다. '성년후견을 받는 사람은 공무원이 될 수 없다.'라고 우리나라 법에 규정하고 있기 때문입니다. 그 사실을 알고는 부인은 너무나 절망했습니다. 만약 이런 법이 있다는 것을 미리 알려 줬다면 성년후견을 신청하지 않았을 거라고요.

그 사건을 전해 들었을 때 저는 '이거 문제 있구나. 도움 드려야겠다.'라고 생각했어요. 공무원으로 한평생을 일해 왔는데 쓰러졌다는 이유로, 그래서 후견인이 지정되었다는 이유로 공무원 자격을 박탈한다는 것은 그분에게 너무 가혹하다는 생각이 들었습니다.

성년후견 제도나 그로 인해 공무원 자격이 박탈된다는 규정은 모두 법률에서 정하고 있습니다. 잘못 만들어진 법이지요. 이 제도 자체를 개선하고, 공무원 자격도 회복시키기 위해서는 그 법률의 효력을 없애는 소송을 해야 했어요. 사람들을 모았습니다. 다행히 문제의식에 공감해 준 여러 변호사들이 모여 이 사건을 같이 해결하기로 했어요.

같이 문제를 해결하자고 의견을 모았지만, 좀처럼 일이 진행되지 않아서 애를 먹었습니다. 소송을 준비하자고 약속한 변호사들이 다른 일로도 너무 바빠서 시간을 내기 어려웠던 거예요. 제대로 일이 진행되지 않은 채 반년 가까이 시간이 흘렀습니다.

우리는 어떻게 일을 진행해야 좋을지 서울에 있는 식당에서 만나 논의를 했어요. 저를 포함해 모두 서울에서 활동하는 변호사들이었습니다. 그 자리에서 저희는 울산에 사는 부부를 한 번도 직접 만나지 않았다는 것을 반성했어요. 소송을 준비하는 것을 막연하게 생각하고 있었던 것이죠. 그 자리에서 부인에게 연락하여 만날 약속을 잡았습니다.

며칠 뒤 우리는 울산에 있는 병원을 찾아갔습니다. 쓰러진 뒤 아직도 의식을 회복하지 못한 채 누워 있는 남편에게는 저희가 명예퇴직을 할 수 있도록 돕겠다고 말했습니다. 병원 로비에 앉아서 부인과 아들과 함께 이야기를 나누었습니다. 부인은 서울에서 울산까지 온 저희에게 고마워하며, 가족들이 겪고 있는 힘든 상황을 이야기하는 내내 눈물을 흘렸어요. 저희도 가족들의 이야기에 공감하며 열심히 도와주겠다고 약속했습니다.

서울로 돌아온 후 사건은 일사천리로 진행됐어요. 우리는 소장의 목차를 나누어 각자 맡은 부분을 최선을 다해 작성했고, 소송을 하는 동안 기자 회견도 했습니다. 법원은 저희의 문제의식에 동의해 이 사건을 헌법재판소에 보냈습니다. 헌법재판소는 2022년 12월 성년후견인이 선임되면 공무원 자격을 박탈하는 법률이 헌법에 위배된다고 결정하였습니다. 그 사이에 남편은 세상을 떠났지만, 승소 소식을 들은 부인은 남편도 하늘에서 기뻐할거라며 울먹이셨습니다.

『대성당』 함께 그리기

사람들은 직접 만나 대화하고 밥을 먹으면서 닫혔던 마음이 열리고, 편견이 깨지기도 합니다. 레이먼드 카버의 단편소설 『대성당』의 주인공이 그러했습니다.

주인공은 아내의 두 번째 남편인데요. 주인공의 아내에게는 오랜 친구가 있습니다. 그 친구는 아내가 첫 번째 남편과 연애하던 시절부터 알고 지내 왔습니다. 아내는 그 친구에게 온갖 사소한 얘기를 다 털어놓을 정도로 친한 사이예요. 아내의 예전 이야기들도 속속들이 다 알고 있는 거죠. 그래서 주인공은 그 친구, 로버트가 왠지 모르게 싫습니다.

로버트가 시각장애인이라는 것도 주인공의 거부감에 한몫합니다. 영화에 나오는 시각장애인만 접해 본 주인공은 그들이 느리게 움직여서 답답했고요. 그들의 얼굴 표정이 굳어 있고, 검은 안경을 쓰고 있어서 무슨 생각을 하는지 알 수 없는 부류라고 주인공은 생각합니다. 시각장애인을 직접 만난 적이 없는 주인공에게 로버트는 전혀 모르는 부류의 사람인 거죠. 그런 로버트가 아내를 만나러 집으로 온다는 겁니다. 하룻밤 자기로 하고요. 주인공은 아내에게 불편한 기색을 감추지 않습니다. 로버트가 오기 전에는 앞을 못 본다는 것을 소재로 농담을 하기도 합니다. 볼링이나 치러 가자면서요. 로버트가 굳이 집으로 온다는 사실이, 그래서 자신도 로버트를 같이 대접해야만 한다는 사실이 원망스럽기만 합니다.

닫혀 있던 주인공의 마음은 로버트를 만나면서 조금씩 열리기 시작합니다. 주인공은 시각장애인이라면 검은 안경을 쓰거나 지팡이를 사용하거나, 또는 안내견과 다닌다고만 생각했어요. 하지만 로버트는 그렇지 않았습니다. 앞이 보이지 않는 사실이 로버트에게는 큰 문제가 아닌 듯 보였습니다. 쭈뼛거리거나 어색해하는 기색 없이 자연스럽게 거실 소파에 앉아 호탕하게 웃으며 아내와 이야기했죠. 주인공은 점점 로버트를 시각장애인 로버트가 아니라 아내의 친구이자 자신의 손님 로버트로 느끼기 시작합니다.

주인공은 푸짐하게 저녁 식사를 준비한 자리에서 또다시 놀랍니다. 로버트가 본인 앞에 있는 스테이크를 포크와 나이프로 능숙하게 썰어 입안으로 가져갔거든요. 콩과 빵, 우유, 그리고 후식으로 준비한 딸기 파이까지 게걸스럽게 셋은 먹어 치웁니다. 땀이 송골송골 날 정도로 셋은 열심히 먹었죠.

세상만사 다 잊을 정도로 열심히 저녁을 먹은 후 주인공은 로버트를 조금 가깝게 느낍니다. 아내가 먼저 잠들고 나서도 로버트와 주인공은 같이 거실에 앉아 있어요. 로버트는 자신의 집에도 TV가 두 대나 있다고 하면서, TV를 봐도 된다고 말합니다. 딱히 볼 게 없어 채널을 돌리다가, 대성당에 관한 다큐멘터리를 보게 되죠.

귀를 TV 쪽으로 향한 로버트가, 얼굴은 자신 쪽으로 향하고 있는 모습에 주인공은 어떤 의무감을 느낍니다. 대성당의 아름다운 모습을 설명해 주려고 한 거죠. 하지만 주인공은 자신의 부족한 표현력에 조금 답답함을 느낍니다. 그때 로버트는 종이와 펜을 가져와 보라고 해요. 손을 잡고 같이 대성당을 그려 보자고요.

그림의 시작은 어설펐지만, 대성당의 첨탑, 대성당에 온 사람들까지도 하나씩 그려 나갑니다. 주인공도 눈을 감은 채로, 둘은 하나의 펜으로 대성당 그림을 완성하죠. 로버트가 이제 눈을 뜨고 그림을 보라고 하는데도, 주인공은 한동안 눈을 감고 있습니다. 굉장한 여운을 느끼면서요. 여운은 책을 읽는 독자에게도 전달됩니다.

공감이란?

공감하는 마음만으로 우리는 감동을 받기도 합니다. 『대성당』의 주인공처럼, 그리고 『대성당』을 읽은 독자처럼요. 몸 바꾸기 이야기 설정에서 보이는 공감 작용은 서로 이해하지 못하고 평행선을 달리던 사람들의 갈등을 해소합니다. 자기밖에 모르던 주인공이 다른 사람의 처지를 이해하면서 극적인 변화가 일어나죠. 현실에서 작용하는 공감이 사람들의 행동을 변화시킬 수 있다는 것도 봤습니다. 새로운 디자인 개념을 창안한 패트리샤 무어의 이야기, 울산을 방문한 저와 동료들이 지지부진하던 일을 단숨에 진행하게 된 이야기에서요.

그런데 공감은 대체 무엇일까요? '공감이 무엇이다'라고 정의하려고 하면 다양한 의미가 떠오릅니다. 인터넷 댓글을 가벼운 마음으로 달 때 공감이 간다고 표현할 수 있죠. 울산에 사는 부부의 사연에 공감했다고 할 때의 공감과 울산에서 직접 만나 일어난 공감은 같다고 보기는 힘들겠지요.

공감(共感)의 한자 말을 살펴보면 함께(共) 느낀다(感)는 의미로 풀어 볼 수 있어요. 다른 사람이 느끼는 것을 자신도 같이 느끼는 마음이라고 해석할 수 있죠. 영어로는 공감을 'empathy'라고 쓰는데, 들어가서 느낀다(feeling-in)는 의미를 지니고 있습니다. 상대방의 마음속으로 들어가서 느낀다는 것이죠. 내가 적극적으로 움직여서 들어간다는 표현에서 공감의 적극적인 의미가 조금 더 드러납니다. 그래서 공감이라는 명사를 따로 떼어 쓸 때보다 '공감하다'라는 동사 형태로 쓸 때 의미가 선명하게 드러납니다.

다른 사람의 마음속에 들어가서 느낀다고 하더라도, 여전히 자신이 생각하는 기준으로 느끼고 행동한다면 공감이라고 할 수 있을까요? 몸 바꾸기 이야기 설정으로 상상해 봅시다. 몸 바뀐 후에도 여전히 바뀌기 전의 모습 그대로 생각하고 행동한다면 어떨까요? 『왕자와 거지』에서 에드워드는 옷을 갈아입은 후에도 여전히 왕자처럼 행동합니다. 톰을 길바닥에 내던진 경비병을 혼내러 갔다가 오히려 궁에서 쫓겨나고 말죠. 궁에 남겨진 톰은 영문도 모른 채 왕자 대우를 받습니다. 하지만 왕자처럼 행동하는 것이 어떤 것인지 알 턱이 없는 톰은 손을 씻어야 하는 물을 마셔 버려 주변 사람을 놀라게 합니다. 둘은 역할이 바뀐 채로 오랜 시간이 지난 후에야 각자의 역할에 맞게 행동하게 됩니다. 입장을 바꾸더라도 여전히 자신의 관점에서 생각하고 행동한다면 공감하고 있다고 보기 힘듭니다.

할머니 – 무어는 달랐습니다. 할머니로 변신한 후, 할머니처럼 행동하고 느끼고 생각했지요. 변신 실험이 한두 번 만에 끝난 것도 아니었습니다. 늘 다니던 친숙한 곳만 방문하고 끝난 것도 아니죠. 오랫동안 다양한 도시를 할머니 – 무어로서 다닌 후 보편적 디자인이라는 개념을 창안했던 겁니다. 에드워드가 만약 거지 옷을 입고 생활한 기간이 그렇게 길지 않았다면, 그저 잠깐의 실수로 인한 경험으로 끝났을 겁니다. 일반 국민이 겪는 고통에 대해 제대로 느끼고 생각할 수 없었겠죠. 나중에 왕이 된 이후에도 여전히 다른 왕과 귀족들과 똑같이 행동했을 거예요. 가난한 사람들의 고통과 문제를 가볍게 여기고 자신들의 풍족함을 나눌 생각이 없는 모습이죠. 소설의 마지막에 왕이 된 에드워드는 귀족 신하들에게 따끔하게 충고를 합니다. 가난한 사람들의 고통이 얼마나 큰지 직접 겪어 보지 않은 당신들은 모를 거라고요.

공감 작용은 사람들의 행동과 인식을 변화시킵니다. 변호사들이 울산을 방문한 후 갑자기 시간적 여유가 많아져서 소송과 관련한 일을 원활히 진행한 것은 아닐 거예요. 일의 우선순위를 재배치하고, 그에 따라 행동한 것이죠.

행동을 유도하는 공감

'공감하다'라는 말에 적절히 행동하는 것까지 포함할 때, 공감의 선한 효과가 더 잘 드러납니다. 그래서 우리는 공감이라는 마음 현상을 행동이나 대응까지 포함해서 정의하는 것이 바람직하다고 생각합니다. 신경과학자 배런코언은 공감을 "타인이 생각하거나 느끼는 것을 파악하고, 그들의 사고와 기분에 적절한 감정으로 대응하는 능력"이라고 했어요. 단순히 심리 현상에 대해 정의한 것이 아니라 어떤 능력을 공감이라고 정의한 것이 주목할 만합니다. 다른 사람의 기분이나 감정을 같이 느끼거나 파악하는 능력, 그리고 그에 대해 적절한 반응과 행동을 보이는 능력을 일컫는 것이죠. 배런코언의 정의에서 공감이 적어도 두 단계 이상을 거쳐서 일어난다는 것을 알 수 있습니다.

첫 번째 단계는 다른 사람의 기분이나 감정, 생각을 파악하고 느끼는 것이겠죠. 상대방의 기분을 같이 느끼는 것과 상대방의 상황에 대해 이해하고 파악하는 것은 서로 다른 마음 작용입니다. 하지만 둘 다 공감하기 위해서 중요합니다. 마음속에서 공감이 어떻게 일어나는지는 다음 장에서 자세히 알아볼게요. 여기서는 다른 사람의 마음에 대한 인식을 전부 공감의 첫 번째 단계로 부르겠습니다.

공감의 첫 번째 단계가 성공적으로 일어난다고 하더라도, 그것을 모두 공감이라고 부를 수는 없어요. 상대방의 기분을 알고 나서 그에 대해 무심하게 반응하거나, 심지어 조롱하거나 모욕한다면 그건 공감이라고 부를 수 없을 거예요. 그래서 공감에는 다음 두 번째 단계가 포함됩니다. 파악하는 것을 바탕으로 적절한 대응을 하는 거죠. 여기서 적절한 대응이란 무엇일까요? 굉장히 거창한 원칙이나 처세술 같은 것이 숨겨져 있지는 않습니다. 말 그대로 공감을 통해 파악한 상대방의 입장에 자기 자신을 대입해 보면 어떻게 하면 좋을지 알 수 있기 때문이에요.

공감의 필요성에 대해 사람들은 옛날부터 강조했습니다. 사자성어로는 '역지사지'라는 말이 있죠. "입장을 바꿔 생각해 보라."는 말입니다. 영어권에는 "누군가의 신발을 신어 보라."는 표현이나 "그 사람의 신발을 신고 걸어 보기 전에 섣불리 판단하지 마라."는 직관적인 표현이 있고요. 미국 원주민 속담에는 "모카신 바꿔 신기"라는 표현이 있다고 해요.

이렇게 입장을 바꿔 다른 사람의 신발을 신어 보면 상대방이 느끼는 기분을 체험할 수 있게 됩니다. "모카신 바꿔 신기"라는 미국 원주민 속담은 젖은 신발을 바꿔 신는 상황에 대해 말하는 것이라고 해요. 젖은 신발을 신은 사람이 얼마나 불편해하고 있는지 직접 느껴 보라는 말이죠. 제가 아는 어떤 분은 비를 맞고 있는 누군가를 보면 우산을 씌워 주지 말고, 같이 비를 맞아 보라고 이야기했어요.

비를 같이 맞거나, 젖은 모카신을 신으면 그 사람이 느끼고 있는 불편함, 고통, 슬픔 등을 알게 됩니다. 단순히 알게 되는 것에서 그치지 않고 같이 느끼게 됩니다. 이때 느낌을 자신의 관점으로 해석하는 것이 아니라 그 사람의 입장에서 해석하는 것이 중요합니다. 여기서 적절하게 대응하려는 욕구가 생겨날 수 있습니다. 상대방의 불편함을 해소하려는 욕구입니다. 바로 공감이 선한 행위로 이어질 수 있는 이유입니다.

과학자들은, 특히 생물학자들은 어째서 공감이라는 마음이 진화를 통해 생겨났는지 궁금해합니다. 동물은 살아남기 위해 다른 동물의 입장을 신경 쓸 겨를이 없어요. 육식동물은 초식동물을 잡아먹어야만 하죠. 사자가 만약 가젤 같은 동물의 고통에 공감한다면 살아남지 못할 거예요. 초식동물들도 자신이 살아남고, 자신의 유전자를 후대에 남기기 위해 수단과 방법을 가리지 않습니다. 배고픈 사자를 위해 자신을 내어 줄 수는 없는 노릇이죠. 이런 동물 세계에서 선함을 찾아보기는 힘듭니다. 하지만 집단생활을 하고, 새끼를 직접 기르는 동물이 등장하면서 공감이라는 마음이 진화했다고 과학자들은 생각합니다. 그러면 동물들은 어느 정도의 공감 능력을 가지고 있을까요? 동물들의 공감 능력을 통해 인간의 공감에 대해서는 어떤 것을 배울 수 있을까요?

학교에서의 공감 부족 – 자폐성 장애

고등학교 1학년인 동혁 군은 자폐성 장애가 있습니다. 자폐성 장애는 다른 사람과 관계를 맺는 데 어려움이 있는 발달장애입니다. 흔히 자폐성 장애인은 공감 능력이 부족하고 자신만의 세계에 갇혀 있다고 알려졌지요.

학교 수업 시간이었어요. 갑자기 동혁 군이 책을 찢고 일어나 교실을 마구 뛰어다녔습니다. 그를 말리는 교사의 손을 뿌리치고 말이죠. 그때 다른 학생들과 교사는 얼마나 난감했을까요?

모두가 그렇지는 않겠지만, 어떤 학생들은 '저런 아이가 우리 반에 있으니 너무 피곤해.'라고 생각할 수 있습니다. 그리고 어떤 부모님들은 '저런 아이가 내 아이와 같은 반에 있으니 공부에 방해될까 걱정이야.'라고 생각할 수 있습니다. 그리고 어떤 교사는 '저런 아이를 맡아서 너무 힘들어.'라고 생각할 수도 있습니다. 이런 상황에서 장애 학생의 부모는 죄인처럼 고개를 숙이는 일이 많습니다.

동혁 군처럼 자폐성 장애인이 돌발적으로 행동하거나 갑작스럽게 흥분하는 모습을 문제 행동이라고 부르는 경우가 많습니다. 하지만 저는 표현 방식이 다른 것이라고 생각합니다. 자폐성 장애인으로서는 원하지 않는 상황, 불편한 마음을 말로 표현할 수 없어서 행동으로 표현할 수밖에 없죠. 특히 자폐성 장애인들은 특정 감각에 예민하게 반응하는 경우들이 있습니다. 예를 들면 다른 사람과 몸이 닿으면 도망가 버리거나 아이 울음소리가 들리면 소리를 지르면서 괴로워하는 것입니다.

교실에서 갑작스럽게 흥분하는 자폐성 장애인 친구가 있다면, 그 친구가 왜 그런 행동을 하는지 관심 있게 볼 필요가 있습니다. '무엇이 친구를 불편하게 하는 걸까.' 생각해 보고 그 불편한 상황을 빨리 해결하는 것이 그 친구를 포함해 모두에게 좋은 일이 될 거예요.

그런 점에서 자폐성 장애인에게 공감 능력이 부족한 점을 이야기하기에 앞서서, 비장애인이 자폐성 장애인의 감정에 공감하는 것을 어려워하거나 공감하려고 하지 않는 것은 아닌지 생각해 볼 필요가 있습니다. 교실과 학교는 우리 사회의 축소판이라고 볼 수 있습니다. 다양한 아이들, 다양한 특성들이 공존하고 서로 존중하고, 이해하면서 살아가는 최초의 사회생활에 해당합니다. 이 공간에 자폐성 장애 아이가 설 자리가 없다면 우리 사회에서 그 아이들이 살아갈 공간이 있을까요?

공감하는
마음에 대해

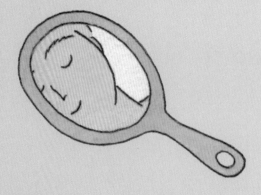

공감하는 쥐

1950년대 과학자들은 심리 상자라는 것을 이용해 동물 실험을 했습니다. 동물의 행동을 관찰할 수 있도록 상자 벽은 투명하게 만들었고요. 상자 안에는 소리가 나는 확성기, 불이 들어오는 전구, 누를 수 있는 단추나 지렛대 같은 것을 설치했습니다. 심리 상자에는 주로 쥐가 들어갔어요. 한 연구에서는 심리 상자 속 전구에 불이 켜질 때 단추를 누르면 먹이가 나오도록 했습니다. 불이 꺼져 있을 때 단추를 누르면 아무것도 나오지 않았죠. 이 상자 속에 쥐를 넣어 두면, 전구의 불빛과 먹이 단추 사이의 연관 관계를 쥐가 학습합니다.

이렇게 훈련시킨 뒤 다른 조건을 추가합니다. 심리 상자 옆 칸에 다른 쥐를 넣어 두고, 전구에 불이 켜질 때 그 쥐가 고통받도록 한 거예요. 옆 칸의 바닥에 전기가 흐르도록 한 거지요. 옆 칸의 쥐는 전기충격 때문에 뛰어오르기도 하고, 찍찍 소리를 지르기도 합니다. 단추를 누르려던 쥐는, 옆에 있는 다른 쥐가 전기충격을 받는 것을 보고 듣고 먹이 단추를 누르지 않고 그만둡니다. 비록 연구를 위한 것이라고는 하지만 전기충격을 줘서 동물의 행동을 관찰하는 것이

잔인해 보입니다. 덧붙이면 이러한 실험들은 동물실험윤리에 대한 인식이 희박할 때 시행된 것이죠. 오늘날 과학자들은 실험에 쓰이는 동물을 최소화하려 합니다. 동물실험을 하지 않아도 되는 실험 방법을 찾기도 합니다. 어쩔 수 없이 동물을 실험에 쓰게 된다면 고통을 최소화하려 하고요. 과학자들은 우리의 앎을 위해 희생당한 동물에게 고마움을 표합니다.

인간이 아닌 동물에게도 공감하는 듯한 마음이 발견되는 것은 당연해 보이기도 합니다. 무리 지어 사는 초식동물을 상상해 보세요. 같은 무리가 느끼는 두려움이나 고통 같은 감정에 빠르게 반응하는 것은 생존하는 데 유리했을 거예요. 경계를 서고 있던 한 마리가 두려움에 휩싸인 경고 신호를 보낸다면, 무리 전체가 두려움을 느끼며 빠르게 반응할 겁니다. 이렇게 느낌이나 감정이 개체 사이에서 퍼지는 것을 감정 전염이라고 과학자들은 부릅니다. 공감의 원시적인 형태죠. 과학자에 따라서는 정서적 공감이라고 부르기도 합니다.

정서적 공감 현상을 가장 쉽게 관찰하고 측정할 수 있는 방법은 고통에 대한 반응을 관찰하는 것입니다. 쥐 같은 동물도 다른 개체의 고통에 감응할 때 먹이를 먹는 행동을 중단할 정도니까요. 갓 태어난 신생아도 엄마의 슬픈 표정에 따라서 슬픈 표정을 짓고, 신생아실에서 다른 아기가 울면 따라 웁니다.

이렇게 고통을 공유하는 것을 공감적 고통이라고 부를 수 있습니다. 정서적 공감의 일부분입니다. 공감이라고 부를 수 있는 마음 작용 중에서 공감적 고통은 가장 기본적이고 원시적인 형태입니다. 그렇기 때문에 동물이나 신생아에서도 발견되지요.

과학자들은 성인의 뇌에서 일어나는 공감적 고통에 대해서도 연구했습니다. 공감적 고통이 일어날 만한 사진을 보여 주고 뇌에서 어떤 반응이 일어나는지 관찰했어요. 요리하다가 식칼에 손가락이 베이는 사진 같은 걸 보여 주는 거죠. 한번 상상해 보세요. 이런 사진을 보면 어떤 느낌이 들까요? '으윽' 하는 느낌과 함께 자신의 손가락이 움찔하는 느낌이 들지 않나요? 실제로 뇌에서 일어나는 반응도 유사합니다. 자신의 손가락이 아플 때 활성화되는 부위가 사진을 볼 때도 활성화되는 것을 과학자들이 관찰했어요. 다른 사람의 고통도 말 그대로 자신의 고통처럼 느낀다는 거죠.

심리 상자 속의 쥐가 먹이 단추를 누르지 않은 것도 마찬가지 이유 때문이었을 겁니다. 공감적 고통을 느끼고 먹이 단추를 누르지 않은 거죠. 비록 다른 쥐의 고통 때문에 공감적 고통이 유발되었더라도, 그 원인을 잊어버리고 자신이 괴롭다는 느낌만 남아 버린다면 공감이라고 할 수 없습니다. 자신의 괴로움에 대한 느낌만 집중한다면, 눈을 감고 귀를 막고 다른 생각을 하면 그만일 테니까요. 여기서 우리는 공감적 고통이 선한 공감으로 발전할 수 있는 중요한 단계를 알 수 있습니다. 다른 동물이나 사람의 느낌에 동화되는 것을 넘어,

괴로움이나 고통의 원인이 무엇인지 알 수 있어야 한다는 것입니다.

심리 상자 속의 쥐가 다른 쥐의 고통 때문에 괴로워한다는 것을 어떻게 알 수 있을까요? 그 사실을 쥐가 알고 있다는 것을 어떻게 알 수 있을까요? 과학자들은 새로운 실험을 고안해 냅니다. 이건 2006년에 발표된 연구인데요. 만약 쥐가 공감하는 마음을 가지고 있다면, 그래서 다른 쥐의 고통을 구별할 수 있다면, 친한 정도에 따라서 반응이 달라질 거라고 과학자들은 생각했어요. 결과는 예상대로였습니다. 낯선 쥐가 옆 칸에서 괴로워하고 있다면, 고통스러워했지만 그 정도가 강하진 않았어요. 하지만 평소 같은 방에서 생활하던 친구 쥐가 옆 칸에서 괴로워하고 있다면, 훨씬 심하게 괴로워했습니다. 같은 방에서 지내 온 기간이 길면 길수록 괴로워하는 정도가 커졌습니다. 이로써 쥐와 같은 동물도 공감하는 마음이 있고, 그 마음의 정도는 친한 정도에 따라 다르다는 것을 알게 되었죠.

고통이나 공포와 같이 집단의 생존 필수적인 감정을 공유하는 것에서 시작해, 공감 능력은 차츰 다른 느낌이나 경험을 공유하는 단계로 진화해 왔을 것입니다. 하지만 이 단계에서 그친다면 공감이라고 볼 수 없죠.

마음의 거울

신경과학자 리졸라티는 1990년대에 붉은털원숭이의 신경세포를 연구하고 있었습니다. 행동을 지시하는 신경세포에 관한 연구였어요. 원숭이가 무언가를 밀려고 할 때 활성화되는 신경세포와 땅콩을 집으려 할 때 활성화되는 신경세포가 따로 있다는 것을 알아냅니다. 명령하는 신경세포와 팔근육에 운동을 지시하는 세포가 따로 있다는 것은 이미 알려진 사실이어서 새로울 것은 없었죠.

어느 날 실험을 준비하던 중에 새로운 발견을 하게 됩니다. 땅콩을 원숭이 앞에 놓아 두려고 연구자가 손을 뻗는데, 원숭이 뇌에서 신경세포가 반응한 것입니다. 원숭이 자신이 땅콩을 집으려 할 때 활성화되는 신경세포와 같은 신경세포였습니다. 다른 사람의 행동을 볼 때, 똑같은 행동을 스스로에게 지시하는 세포가 활성화된다는 사실이었습니다. 마치 다른 사람의 모습을 거울처럼 비추는 것 같다고 해서, 거울신경세포라고 이름 붙여졌습니다.

우리는 거울신경세포를 통해서 다른 사람의 행동을 머릿속으로 상상하고 흉내 낼 수 있습니다. 상상은 그 사람의 의도나 목적에 대해서 추론할 때 필요합니다. 이를 바탕으로 그 사람의 입장이나 처지에 대해 이해할 수도 있고요. 이런 상상력도 공감할 때 필요합니다. 입장을 대입해서 상상하는 공감은 감정에 이입해 공감하는 정서적 공감과는 달라 보입니다. 과학자들은 그래서 인지적 공감이라고 구별해서 부릅니다.

거울신경세포가 인지적 공감이 일어날 때만 작용하는 것은 아닙니다. 공감적 고통을 느낄 때 활성화되는 것 역시 거울신경세포의 한 종류입니다. 거울신경세포를 통해 일어나는 정서적 공감과 인지적 공감은 상호작용하면서 우리의 마음을 조율하는 것 같습니다. 괴로워 보이는 사람에 대해 감정적으로 이입하게 되어 그 사람의 입장이나 처지에 대해 더 상상하게 되죠. 반대로 그 사람의 상황에 대해 잘 이해하게 되면서 괴로움이나 고통에 대해 더 잘 이입할 수 있게 되기도 합니다. 이 때문에 거울신경세포는 간디세포라는 별명을 얻기도 했습니다.

원숭이를 포함해 영장류는 사회성이 발달해서 공감하는 행동을 자주 볼 수 있습니다. 무리 안에서 서열 싸움이 일어난 후, 패자가 괴로워하고 있을 때 주변의 침팬지들이 위로하기 위해 토닥여 주고 안아 주는 행동을 한다는 것은 잘 알려져 있죠. 다른 침팬지가 위로해 주면 고통스러워하던 모습이 줄어든다고 해요. 위안을 받아서 기분이 나아지는 거죠. 침팬지끼리 가까운 사이일수록 위로하는 행동을 더 자주 한다고 하고요.

사회적인 동물 중 인간은 가장 큰 사회를 이루고 살고 있습니다. 인간의 공감 능력은 아마 가장 잘 발달해 있을 뿐만 아니라 복잡하

기도 할 겁니다. 쥐와 같은 동물에서도 발견되는 기본적인 형태의 공감을 포함해 더 고차원적으로 다른 사람이나 동물의 상황에 대해 이해할 수 있는 능력을 가지고 있는 것이죠.

다른 사람의 관점에 대해 이해하고 상상할 수 있는 능력을 '마음 이론'이라고 부릅니다. 자신과는 다른 타인의 마음이 있다는 것을 알고 그에 따라 대응할 수 있는 능력이죠. 아주 어린 신생아에게는 이런 능력이 없습니다. 자신이 보고 들은 것을 엄마, 아빠도 똑같이 알고 있을 거라고 생각하죠. 아이들이 거짓말을 잘 못하는 이유입니다. 예전에는 네 살에서 다섯 살이 되어야 마음이론이 생긴다고 생각했습니다.

2007년 연구 결과에 따르면 24개월 정도 되는 아이들에게도 마음 이론이 있다는 것이 밝혀졌습니다. 아직 말을 잘 못하는 아이들에게 마음이론이 있다는 것을 어떻게 증명했을까요? 공 숨기기 놀이에서 아이들이 어디를 보는지 관찰하는 실험을 연구자들이 진행했습니다. 철수가 공을 가지고 놀다가 자기 바구니에 공을 넣고 나갔다고 합시다. 철수가 나가고 없을 때, 영희가 들어와 공을 꺼내 다른 상자로 옮기는 것을 아이들이 보게 합니다. 이후 들어온 철수가 자기 공을 찾으려 할 때, 모든 상황을 지켜보고 있던 아이들은 어디를 먼저 볼까요? 마음이론이 덜 발달한 아이들은 공이 있는 상자를 먼저 바라봅니다. 영희가 공을 옮겼음을 철수도 알고 있을 거라고 착각하는 것이죠. 하지만 실험에 참여한 24개월 정도 된 아이들은 철수의 바구니를 먼저 봤습니다. 영희가 공을 옮겨서 철수의 바구니는 비어 있지만, 철수는 그 사실을 모르고 자기 바구니를 찾을 거라고 예측하는 눈짓입니다. 2016년에는 침팬지, 보노보, 오랑우탄으로 같은 방식의 실험을 진행했고, 유인원에게도 마음이론이 있다는 것이 밝혀졌습니다. 자신과 다른 사실을 알고 있는 존재에 대해 상상할 수 있는 능력이 유인원에게도 있다는 것입니다.

마음이론을 활용한 인지적 형태이든, 아픔을 같이 느끼는 정서적 형태이든 공감은 마치 마음의 거울에 다른 사람의 모습을 비추는 것과 같습니다. 타인을 대할 때 타인의 행동, 표정, 감정, 느낌이 우리 마음속 거울에 비치고, 그리고 그 거울 속 모습이 자기 자신의 모습처럼 느껴집니다. 심리학자 자밀 자키는 정서적 공감을 다른 개체와 자신 사이의 경계를 허무는 첫 단계라고 말합니다. 타인의 아픔을 내 몸의 아픔처럼 느끼는 마음 현상에서 공감이 시작된다는 말이죠.

거울 속 모습이 진짜 같더라도 진짜는 아니듯, 마음속 거울을 통해 느끼는 것도 마찬가지입니다. 괴로워하는 사람의 모습을 보고 아픔을 느낀다고 하더라도 그 사람이 실제로 겪고 있는 고통보다는 약해집니다. 마치 볼록거울에 비친 모습이 실제보다 작아 보이는 것처럼요. 거울의 볼록한 정도에 따라, 표면이 얼마나 맑은지에 따라 비친 모습은 달라질 거예요.

마음속 거울에 다른 사람의 모습이 비치는 것은 우리가 인식하기도 전에 일어납니다. 공감을 할지 안 할지, 공감한다면 그 정도는 얼마나 할지 모두 우리가 의식적으로 정하기 전에 일어납니다. 어떤 친구를 처음 만났을 때 첫인상이 순식간에 결정되는 것처럼 우리의 공감도 찰나에 일어납니다.

첫인상이 나빴던 친구가 같이 지내다 보면 좋아지는 경우가 있습니다. 무표정한 모습 때문에 처음에는 다가가기 힘들었던 친구가 시간이 지나면서 익숙해지고 가까워지기도 합니다. 우리의 공감 거울도 우리가 어떻게 마음을 먹느냐에 따라, 어떤 경험을 했느냐에 따라, 어떻게 생각하느냐에 따라 변할 수 있습니다. 할머니로 변신한 무어, 궁 밖에서 고생한 에드워드, 손을 맞잡고 그림을 그린 『대성당』의 주인공, 울산에 다녀온 변호사들처럼요.

상황에 따라 공감 거울을 바꿀 수도 있습니다. 정서적 공감의 거울을 사용할지, 인지적 공감의 거울을 사용할지는 우리 마음먹기에 달려 있어요.

감정과 이성 사이

놀이터에서 놀던 아이가 다쳐서 울 때는 정서적 공감을 활용하는 것이 좋겠죠. 어떻게 다쳤는지는 중요하지 않습니다. 다친 상황을 못

봤다고 해서 어쩌다 다쳤는지 물어보는 것은 울고 있는 아이를 더 서럽게만 하지요. 마치 아이 자신이 잘못해서 다친 것은 아닌지 따지는 것 같이 느껴질 수 있죠. 네가 잘못해서 다쳤으니 이제 그만 울라고 윽박지르는 것 같습니다. 인지적 공감의 거울은 잠시 치워 두고, 정서적 공감의 거울로 아이를 비추어야 합니다. 왜 그랬는지, 어떻게 그랬는지 따위의 질문은 넣어 두고, 안아 주고 달래며 어디가 얼마나 아픈지, 크게 다친 것은 아닌지 알아보는 것이 좋겠죠.

아이가 울 때 항상 정서적 공감만을 활용해야 하는 것은 아닙니다. 잠시 정서적 공감을 접어 두어야 할 때도 있어요. 해서는 안 되는 행동을 하겠다고 떼를 쓸 때는 감정적인 거리를 두는 것이 좋을 거예요. 스스로 감정이 잦아들 때까지 차분하게 기다리는 것이 좋겠지요. 떼를 부리는 아이에게 정서적 공감만 깊이 한다면 아이가 원하는 것을 다 들어줘야겠지요. 아이의 불만을 해결해 줘야 하니까요. 그러다 보면 한두 번 가지고 놀다가 싫증 나 버린 장난감으로 집이 가득 찰지도 모릅니다. 밤새도록 모바일 게임을 하는 것도 막지 못하겠죠.

감정적인 거리를 두는 것은 친구와 의견이 달라 다툴 때도 필요한 태도입니다. 의견이 다르다고 목소리를 높이다 보면 자기도 모르게 감정이 격해지기도 합니다. 친구의 목소리도 덩달아 높아지다 보면 서로에게 감정적으로 맞대응하게 되지요. 사소한 의견 차이에서 시작해 서로를 싫어하게 되고, 증오하게 됩니다. 그럴 땐 감정의 거울을 잠시 치우고, 이성적으로 대화를 나누는 것이 좋겠죠. 이미 감정이 격해져 싸우는 중이라면, 유머와 농담으로 감정의 긴장을 풀어주는 것도 좋습니다.

정서적 공감을 덜 활용하는 것은 응급실에서도 필요합니다. 응급실에는 위급한 사람들과 아픈 사람들이 한데 모여서 서로 먼저 치료를 받고 싶어 합니다. 이때 의료진은 가장 아픈 사람보다 가장 위급한 사람을 먼저 치료해야 합니다. 아프지만 위급하지 않은 사람은 나중에 치료해도 지장이 없지만, 위급한 사람을 먼저 치료하지 않으면 그 사람의 생명을 잃을 수 있기 때문입니다. 그런데 위급한 사람은 의식을 잃은 채 응급실로 오는 경우가 많습니다. 아프다고 소리지를 수조차 없는 경우죠. 하지만 정서적 공감은 가만히 누워 있는 사람보다는 아프다고 호소하는 사람에게 기울어집니다. 이때 정서적 공감에만 의존한다면 아프다고 호소하는 사람을 먼저 치료하고, 위중한 사람의 상태가 악화되도록 둘 수 있습니다. 위중함이라는 우선순위를 정서적 공감이 압도한 겁니다.

종양내과 의사는 암환자나 보호자들을 많이 만납니다. 그 사람들에게 안 좋은 소식을 전해야 하는 경우가 많죠. 암을 뒤늦게 발견했다는 말, 이미 암이 여기저기 퍼져 있다는 말, 그래서 치료 가능성이 낮다는 말을 전하는 것은 언제나 힘든 일입니다. 만약 의사가 이 사람들의 슬픔과 고통에 깊이 공감해서 주체할 수 없이 괴로워한다면, 그래서 이성적이고 전문적인 판단을 내리지 못한다면 정작 눈앞에 도움을 바라고 있는 사람들에게 해가 될 것입니다. 슬픔과 고통의 여운에 빠져 헤어 나오지 못한다면, 다른 환자들에게도 안 좋은 영향이 갈 테고요. 정서적 공감을 깊이 느끼는 것보다는 환자에게 어떻게 하면 도움이 될지 고민하는 것이 의사나 환자 모두에게 올바른 일입니다.

정서적 공감을 적게 활용해야 한다고 해서 차갑게 대응하는 것이 옳다는 것은 아닙니다. 앞으로 5년 안에 돌아가실 확률이 80퍼센트라며, 치료가 의미 없다고 말하고 돌아서서 자기 할 일을 하는 의사를 훌륭하다고 할 수는 없겠죠. 슬픔에 대한 정서적 공감의 깊이를 조절하더라도, 어떻게 충격과 고통을 완화할지, 안 좋은 소식을 받아들이게 할지, 그리고 남은 삶을 어떻게 의미 있게 보내도록 도와줄지 고민해야겠지요.

인지적 공감 능력만 극단적으로 활용해야 하는 경우도 있습니다. 상대방이라면 어떻게 행동할까 하고 전략적으로 생각해 보는 것입니다. 추리소설의 탐정들이 범죄자의 행동을 상상할 때 인지적 공감 능력을 최대한 활용하고 있다고 볼 수 있어요. 체스나 바둑 같은 전략 게임을 할 때나 운동경기를 할 때도 상대방의 의도를 파악하고 예측하는 것은 도움이 되죠. 경쟁하는 상황에서는 정서적 공감이 개입할 여지가 없습니다. 이기는 것이 목적이지 상대방의 처지에 공감하고 도우려는 것이 아니기 때문입니다.

게임이 끝나면 상황이 달라집니다. 경기에서 패배해 울고 있는 패자에게 공감하며 위로하는 승자의 모습은, 패자에게 아예 공감하지 않고 기뻐하며 경기장을 나가는 모습보다 아름다워 보입니다.

이처럼 정서적 공감과 인지적 공감을 상황에 따라, 상대방에 따라 적절히 활용하는 것이 필요합니다. 쉬운 일은 아니죠. 공감한 마음에서 적절한 행동으로 옮기는 것도 역시 쉬운 것이 아닙니다.

선한 행동으로 이어지려면

정서적 공감은 감정이라는 특성 때문에 금방 사그라듭니다. 자신의 내부에서 일어난 감정이 아니므로 쉽게 잊혀집니다. 옆 칸에서 고통을 받는 쥐 때문에 먹이가 나오는 단추를 누르지 않았던 쥐 실험 이야기에 반전이 있습니다. 그런 상황을 다시 한번 만들어 주자 실험용 쥐는 먹이 나오는 단추를 누르기 시작했어요. 옆 칸에서 전기충격으로 괴로워하고 있었지만, 그런 일은 아랑곳없이 자기 먹이를 먹기 시작한 거죠. 옆 칸 쥐의 고통에 익숙해지는 데 그렇게 오랜 시간이 걸리지 않았던 거예요.

그렇다고 해서 쥐 같은 동물에게서 선한 공감 행동을 볼 수 없는 것은 아닙니다. 또 다른 과학자들이 쥐의 공감 행동에 대해 연구한 결과가 있습니다. 2011년에 발표된 이 연구에서는 쥐 한 마리를 좁은 공간에 가둬 놓습니다. 문을 열 수 있는 장치는 바깥에서만 작동할 수 있게 해 두었죠. 쥐가 갇힌 공간 밖에도 또 다른 실험용 쥐를 둡니다. 바깥에 있는 실험용 쥐는 갇힌 쥐를 볼 수 있고, 소리도 들을 수 있습니다. 이때 바깥에 있는 쥐는 갇힌 쥐를 구하기 위해 장치 근처에서 이것저것 해 보다가 결국 문을 열어 줍니다. 열림 장치를 일종의 장난감으로 생각하고 호기심에서 열어 본 건 아닐 거예요. 좁은 공간 안에 아무것도 없거나, 인형 같은 것이 들어 있으면 관심을 보이지 않았거든요. 전기충격 실험에서 실험용 쥐도 만약 옆 칸의 쥐를 구할 방법이 있었다면 구하려고 했을 겁니다. 하지만 자신이 옆 칸의 쥐를 구할 수 없다는 것을 깨닫고는 공감적 고통에 익숙해지고, 그저 먹이 단추를 눌렀던 것이겠지요.

도울 수 있는 수단이 있는지도 중요하지만, 도우려 할 때 시간적, 심적 여유가 있는지도 중요한 요소입니다. 만약 시간적, 심적 여유가 없으면 신학생일지라도 다친 사람을 덜 돕게 되는 경향이 있습니다. 이것은 1970년대에 심리학자들이 진행한 연구에서 밝혀졌습니다. 심리학자들은 이 연구에서 신학생들에게 성경 구절에 대한 설교를 준비해 달라고 부탁했습니다. 설교를 준비하는 곳과 실제로 설교를 해야 하는 강당은 다른 건물에 있었습니다. 연구자들은 설교를 준비한 신학생에게 강당으로 빨리 가야 한다고 이미 늦었다고 재촉하거나, 아니면 여유가 있으니 천천히 가도 된다고 했습니다. 강당으로 가는 길에 다쳐 쓰러져 있는 연기자를 두었고, 신학생들이 이 사람을 돕는지 돕지 않는지 관찰했죠.

신학생들은 과연 어땠을까요? 상황에 따라 돕는 정도가 달랐습니다. 얼마나 독실한 신자인지, 평소 성품이 어땠는지는 중요한 요소가 아니었습니다. 오직 '시간적, 심적 여유가 있는지 없는지'가 중요했어요. 여유가 없으니 강당으로 빨리 가야 한다고 재촉받은 신학생들은 대부분 다친 연기자를 그냥 지나쳤습니다. 여유 있으니 천천히 가도 된다는 말을 들은 신학생은 모두 다친 사람을 도우려고 했지요. 심지어 설교 내용이 착한 사마리아인에 대한 것이있느냐도 영향이 없었습니다. 착한 사마리아인에 대한 설교를 준비한 신학생이라 할지라도 여유가 없다면 돕지 않는다는 것이죠. 설교 시간에 늦어서 바쁜 상황인지, 아니면 시간이 남아 있는 상황이었는지에 따라 낯선 사람을 돕는 정도가 달라졌어요.

학교나 회사에 지각할 상황이라면 버스나 지하철에서 누군가 쓰러졌을 때 선뜻 돕겠다고 나서기가 쉽지 않을 겁니다. 버스나 지하철에 자신 말고 주변 사람이 많다면 더욱 가만히 있기 쉬워요. '나 말고 다른 사람이 도울 거야.' 하고 생각하게 될 거예요. 이처럼 어떤 상황에 공감하는 마음이 생기더라도 반드시 선한 행동으로 이어지는 것은 아닙니다. 아예 도울 수 있는 수단이 없으면 의도적으로 외면해 버리기도 합니다.

그런가 하면 우리는 불행에 빠진 사람이 그 자신의 잘못으로 불행을 겪는다고 생각할 때 덜 공감합니다. 전후 사정을 철저히 따져 보기 전에 "네 탓이야."라고 하고는 마음속 공감 거울을 치워 버립니다.

욥, 그리고 우리

『성경』에는 욥의 이야기가 나옵니다. 욥은 성실하고 정직하며, 하느님을 잘 믿는 사람이라 하느님이 욥을 참 자랑스러워했습니다. 그런데 어느 날 사탄이 하느님에게 욥을 고난에 빠지게 하면 하느님을 원망할 테니 시험해 보자고 합니다. 하느님도 그 제안을 받아들이지요. 이로 인해 욥은 큰 고난을 겪습니다. 집이 무너져 자녀들이 죽고, 재산은 모두 잃게 되고, 욥의 몸에는 심한 피부병이 생깁니다.

욥이 고통스러워할 때 친구 세 사람이 찾아옵니다. 그들은 욥의 처참한 상황을 보고 일주일 동안 함께 울어 주지요. 하지만 그 후 욥이 "왜 내가 이렇게 고통을 받아야 하는지 모르겠다."고 절규하자 친구들은 "네가 고통을 받는 것은 하느님께 죄를 지었기 때문"이라며 잘못을 인정하고 용서를 구하라고 조언합니다. 친구들의 이야기를 들은 욥의 마음은 어떠했을까요? 영문도 모른 채 고통을 받는 자신에게 "무언가 죄가 있으니 이런 벌을 받는 것"이라고 단정하는 친구들의 이야기가 마음에 와닿지 않았을 거예요.

욥의 친구들은 욥이 받는 고통의 원인을 욥에게서만 찾으려고 합니다. 아무리 생각해도 자신은 잘못한 것이 없는데, 욥으로서는 너무 억울하겠죠. 제가 욥이었다면 친구들에게 나가라고 했을 것 같습니다.

욥의 친구들처럼 어떤 문제의 원인을 개인의 잘못에서 찾는 경우를 종종 보게 됩니다. 어떤 사람이 간암에 걸리면 그 사람이 술을 자제하지 못한 탓, 동성애자가 인체 면역결핍 바이러스(HIV)에 감염되면 사람들은 동성애자가 문란하게 성생활을 했을 거라는 추측을 하기 쉽죠. 하지만 실제로 간암의 80퍼센트는 술이 아닌 간염바이러스 때문이고, HIV에 감염될 수 있는 원인에는 안전하지 않은 성관계 외에도 수혈이나 HIV에 감염된 엄마로부터 물려받는 경우 등 여러 가지가 있을 수 있습니다.

학교에서는 어떤가요? 학생들을 '표현'할 수 있는 요소들이 많지만, 학교에서는 오로지 성적으로 학생들이 '평가'되기 쉽습니다. 성적이 잘 나오거나 못 나오는 데에는 여러 요인이 작용할 수 있는데, 시험 결과가 곧 학생의 능력인 것처럼 생각되기 쉽습니다. 유명한 대학에 가는 것, 취업에 유리한 자격증 시험에서 높은 점수를 따는 것이 모두 개인의 능력으로 인정받습니다. 입시와 취업을 위한 개인의 노력을 부정하는 것은 아니지만, 그 반대의 결과에 대해서도 개인의 능력 문제로 치부해 버릴 수 있는 위험을 경계해야 합니다.

2020년 인천국제공항의 보안 검색 직원들을 비정규직에서 정규직으로 전환하겠다는 발표가 났을 때 정규직 청년들이 크게 반대를 했습니다. 정규직 청년들은 고생해서 취업한 자신들과 동일한 대우를 비정규직들이 받게 되는 것이 부당하다고 생각한 것이죠. 채용 시험에서 몇 문제 차이로 정규직이 될 수도, 안 될 수도 있는데, 시험에 불합격한 사람은 같은 대접을 받으면 안 된다는 생각이 전제된 것이에요.

우리는 이런 소식을 포털 사이트 뉴스나 소셜 미디어를 통해 접하게 됩니다. 세상 소식을 접할 수 있는 편리한 창구이자 도구이죠. 인터넷이 발명된 이후 우리는 더 많은 소식을 더 빠르게 접할 수 있게 되었습니다. 그런데 이렇게 전해지는 소식은 때로는 공정하지 못하고 한쪽으로 기울어져 보이기도 합니다.

2021년 4월 두 청년의 안타까운 죽음이 인터넷을 통해 알려졌습니다. 평택항 컨테이너 터미널에서 아르바이트를 하다가 300킬로그램 컨테이너에 깔려 숨진 대학생 이선호 군과 한강에서 친구와 술을 마시다가 실종되었다가 숨진 채 발견된 의대생 손정민 군의 이야기입니다.

이선호 군이 사망한 뒤부터 대책위원회가 기자 회견을 하기 전까지 2주 동안 단 두 곳의 작은 언론사에서만 이선호 군의 사망 사건을 보도했습니다. 이선호 군이 사망하고 3일 뒤에 의대생 손정민 군이 실종되었다가 숨진 채 발견되었는데, 언론사에서는 앞다투어 그 사건을 다루었습니다. 두 사망 사건과 관련하여 당시 인터넷 검색은 50배, 언론사 보도는 10배 넘게 차이가 났습니다. 둘 다 너무나 안타까운 죽음인 것은 맞습니다. 하지만 사람들은 "휴대폰에 '삶의 희망'이라고 저장되어 있던, 말썽 한 번 피운 적 없고 올바르게 커 줬던 아들"이 허망한 산업재해로 사망하자, 다시는 이런 일이 반복되지 않도록 얼굴도 이름도 가리지 말고 널리 널리 알려 달라고 부탁한 아버지의 이야기에는 관심을 덜 보였어요. "어렵게 의대까지 들어간 아들"의 사망 원인이 사고인지 범죄인지 밝히려는 아버지의 이야기에 더 큰 관심을 보였습니다.

어떤 소식이 어떻게 전달되느냐에 따라 우리는 더 많이 공감할 수도 있고, 공감의 방향이 달라질 수도 있습니다. 우리는 더 가깝고 친숙한 사람에게 공감하기 쉬운 마음을 가지고 있습니다. 친한 쥐에게 더 많이 공감한 실험실 속 쥐와 크게 다르지 않은 마음이죠. 사람이라면 누구나 공감하는 능력을 지니고 있습니다. 하지만 제대로 공감하는 것은 어려운 일입니다. 다음 장에서는 가까운 사람이라도 공감이 안 되는 경우에 대해, 그리고 인터넷에서 이상한 방향으로 일어나는 공감에 대해 살펴보겠습니다.

우리나라에 있지만 존재하지 않는 사람들

김재영의 소설 『코끼리』의 주인공 아카스는 탈색제를 푼 물에 세수를 하다가 아버지에게 크게 혼이 납니다. 탈색제 때문에 피부가 벗겨지는 아픔을 겪어도 얼굴을 희게 만들고 싶었던 이유는 네팔인 아버지를 닮아 외모가 한국 사람과 다르다는 이유로 학교에서 차별을 당하기 때문입니다.

2005년 처음 발표된 소설인데 글을 쓰고 있는 지금 2021년에 다시 읽어 봐도 마음이 아픕니다. 실제로 우리나라에 많은 '아카스'들이 있기 때문입니다.

외국인이 우리나라에서 살기 위해서는 체류 자격을 별도로 얻어야 하는데, 여러 사정으로 체류 자격을 얻지 못했거나, 체류할 수 있는 기간이 끝나도 자기 나라로 돌아가지 못한 채 우리나라에서 사는 사람들이 있습니다. 이런 사람들을 '불법체류자'라고 부르는데, 사람의 삶 자체를 '불법'이라고 표현하는 것은 적절하지 않기 때문에, '미등록 이주민'이라고 불러야 합니다. 미등록 이주민이 우리나라에서 자녀를 낳거나, 자녀를 데리고 한국에 왔다면 그 자녀는 '미등록 이주 아동'이 됩니다. 공식

적인 통계조차 없지만, 인권단체들은 우리나라에 살고 있는 미등록 이주 아동이 최대 2만여 명에 이른다고 보고 있습니다.

실제로 우리나라에서 태어난 어느 미등록 이주 아동이 17년 동안 한국어를 모국어로 사용하면서 고등학교까지 다녔는데, 학교 졸업과 동시에 강제 출국을 당할 위기에 놓이게 된 적이 있습니다. '미등록 이주 아동은 학교를 졸업하자마자 출국해야 한다.'는 제도 때문이었습니다. 이 학생은 교내 봉사 동아리 부장을 맡아 정기적으로 지역 요양원에서 봉사를 하며 사회복지사를 꿈꾸고 있었습니다. 국가인권위원회는 2020년 3월, "이러한 상황은 학생의 인간 존엄성과 행복추구권을 침해한다."라고 판단했습니다. 그로부터 1년 뒤, 법무부는 미등록 이주 아동에게 세 가지 조건을 모두 갖추면 체류 자격을 부여하겠다고 발표했습니다. 그 조건은 ⑴국내에서 출생하였을 것, ⑵15년 이상 국내에서 거주하였을 것, ⑶학교를 다니고 있거나 졸업을 하였을 것이고, 미등록 체류 기간에 따라 750만 원~900만 원의 범칙금도 내야 합니다.

인권단체들은 미등록 이주 아동의 90퍼센트 이상이 법무부가 제시한 구제 대책을 적용받지 못한다고 보고 있습니다. 외국에서 부모와 함께 입국한 아동, 15년의 기간을 채우지 못한 아동, 여러 사정으로 학교를 다니지 못하거나 다니지 않는 학교 밖 아동 모두 법무부의 구제 대책에 포함되지 않습니다.

여러 사람이 법무부의 구제 대책에 대해서 문제 제기를 한 끝에 2022

년 1월 법무부는 다시 구제 대책을 발표했습니다. 외국에서 태어나 부모와 함께 입국한 아동도 6~7년간 국내에서 학교를 다녔다면 체류 자격이 주어지도록 한 것입니다. 3년 동안만 적용되는 구제 대책이라 그 이후에 어떻게 될지 여전히 불안하긴 합니다. 그러나 다양한 사람들이 문제에 공감하고 목소리를 낸다면 조금씩 제도를 개선해 나갈 수 있다는 것을 확인했다는 점에서 의미 있는 변화라고 생각합니다.

공감은
어려워

가족 간의 공감 부족

우리는 가까운 사람에게 더 공감을 잘하지만, 가족이나 친구라 할지라도 공감이 잘 안 되는 경험을 하기도 합니다.

우리 집 이야기를 해 볼게요. 저희에게는 올해 다섯 살, 두 살이 된 예쁜 딸이 있어요. 저희는 딸들을 똑같이 대하려고 합니다. 혹여나 첫째나 둘째가 서운해하지 않을까 염려되어서 번갈아 가며 안아 주려고 하고, 두 아이 모두에게 사랑한다는 말을 자주 해 줘요. 그런데 어느 날 첫째가 "엄마, 이제부터 내가 작은 아가고, 동생이 언니야."라고 말하더군요. "왜 그러냐."고 물으니, "동생이 부럽다."고 했습니다. 다섯 살 첫째의 눈에는 이제 막 걸음마를 시작한 둘째에게 어른들의 관심이 쏠리는 게 부러웠나 봅니다. 반대로 둘째는 엄마가 맛있는 젤리를 언니에게만 주고, 외출할 때도 언니만 데려가는 것이 부러운지, 자기도 안아 달라거나 먹을 것을 달라고 보채고 떼를 쓰곤 합니다.

이런 아이들의 마음을 엄마와 아빠가 몰라준다면 아이들의 마음은 어떨까요? 서로 부러워하는 마음이 미워하는 마음으로 바뀔 수 있습니다. '동생만 없었다면 또는 언니만 없었다면 내가 더 사랑받을 수 있을 텐데.'라는 생각이 들 수도 있습니다.

주말에 무얼 하고 싶은지 아이들의 의견을 묻는 남편을 보면서, 저는 돌아가신 아버지를 떠올리곤 합니다. 아버지는 가부장적인 분이라 가족들의 의견보다는 아버지의 의견대로 무엇이든 결정해야 했습니다. 저는 어린 시절 가족들과 함께 놀이공원에 가고 싶었는데, 아버지는 주말에는 차가 막힌다며 외출하는 것을 싫어하셨죠. 평일에는 새벽부터 밤늦게까지 일을 하셨고, 일요일에는 소파에 누워 「전국노래자랑」이나 「진품명품」 같은 TV 프로그램을 보셨어요. 제가 짧은 치마를 입거나 밖에서 친구들과 놀다가 집에 늦게 들어오면 "여자애가 그러면 안 된다."고 늘 말씀하셨죠. 어릴 때는 '왜 우리 아빠는 TV 드라마에 나오는 아빠들처럼 다정하지 않지? 나를 사랑하지 않는 걸까?'라는 생각이 들어서 슬프기도 했습니다.

돌이켜 보면 아버지는 가난한 시골집의 장남으로 태어나 어릴 때부터 집안을 책임져야 한다는 부담감 때문에 누구보다 열심히 일만하며 살았던 분입니다. 그래서 사람들과 다정하게 소통하는 방법을 배우지 못했던 것 같습니다. 아버지는 친구들을 만나면 항상 술을 많이 드셨습니다. 어느 날 "아빠, 친구들이랑 만나서 술만 마시지 말고 카페에서 커피 마시면서 이야기하면 어때요?"라고 물은 적이 있습니다. 아버지는 손사래를 치며 "커피는 무슨. 사내놈들이 카페에서 만나 무슨 얘기를 하노? 술이나 마셔야지."라고 하셨습니다. 어린 맘에 그런 아버지의 모습을 이해할 수 없었고 한편으로는 실망스러웠습니다. 시간이 지날수록 아버지와 대화하는 게 어색해졌고, 저도 점점 무뚝뚝하게 이야기하게 되었습니다.

그리고 저 역시 다른 가족에게 상처를 주기도 했습니다. 고등학교에 다닐 때였던 것 같아요. 학교에서는 모범생이라 선생님에게도 칭찬을 받고 친구들과도 사이가 좋은 편이었지만, 집에 오면 괜히 어머니에게 짜증을 내곤 했습니다. 어느 날 등굣길에 어머니에게 짜증 섞인 말을 하고 현관문을 나서는데, 어머니가 이런 말씀을 하셨습니다. "니는 그렇게 말하고 나가도 학교생활을 하면서 잊어버리겠지만, 나는 혼자 집에서 어떻게 하노." 저는 그 순간 어머니에게 너무 죄송했지만, 쑥스럽고 당황스러운 마음에 그냥 나와 버렸습니다. 벌써 20년 넘게 지난 일인데, 어머니의 그 말씀은 잊혀지지 않습니다.

친구들 사이의 공감 부족 – 왕따

가야마 리카의 그림책 『마음이 보여?』에는 주인공 유카에게만 들리는 목소리로 마음의 상처를 알려 주는 반창고가 등장합니다. 반창고 덕분에 유카는 친구 가린이 예전 학교에서 괴롭힘을 당한 상처가 있다는 것을 알게 됩니다. 가린은 유카에게 힘들었던 마음을 솔직하게 말하고 후련해하지요.

딸아이에게 이 그림책을 읽어 주면서 머릿속에 떠오른 이야기가 있습니다. 10여 년 전 소셜 미디어를 통해서 알려진 이야기예요. 아이가 엄마에게 "엄마, 반에서 왕따 당하는 애가 있는데, 어떻게 하면 좋을까?"라고 물으니 엄마가 "너도 걔하고 놀지 마. 괜히 너도 왕따 당할라."라고 대답했고, 다음 날 아이가 죽었다는 이야기였습니다. 알고 보니 아이 자신이 왕따를 당하고 있었고, 엄마에게 자신의 이야기를 털어놓은 것이었죠. 그 이야기를 나눌 때 아이는 얼마나 마음이 아팠을까, 그리고 뒤늦게 내 아이의 이야기였음을 알았던 엄마는 얼마나 미안하고 자신에게 화가 났을까 생각하면 너무 괴로워 실화가 아니기만을 바랐습니다.

그 이야기가 실화가 아니더라도, 왕따는 과거에도 있었고 지금도 계속해서 일어나는 문제입니다. 과거에는 대놓고 왕따를 정해 놓고 괴롭혔다면, 요즘에는 조별 과제를 위해서 조를 짤 때 혼자 남겨지거나 급식을 혼자 먹게 되는 것처럼 은근한 방식으로 소외시키는 일이 많다고 합니다.

제가 중학교에 다닐 때 반 친구들이 한 아이를 두고 "이상한 냄새가 난다."라며 뒤에서 수군거렸던 기억이 있습니다. 부끄러운 고백을 하자면, 저는 같이 수군거리지는 않았지만 그렇다고 그 아이를 적극적으로 옹호해 주거나 아이의 상황을 이해하려고 하지도 않았습니다. 그냥 적당한 거리를 유지하려고 했던 것 같아요.

요즘에는 사이버 불링(사이버 왕따)도 심각한 문제입니다. 사이버 왕따는 단체 대화방에서 한 사람에게 집중적으로 욕설을 하거나(떼카), 대화방을 나가면 계속 초대하고(카톡 감옥), 한 사람만 남겨 두고 대화방을 모두 나가 버리기도 하며(방폭), 채팅방에서 사람을 유령 취급하는 것입니다. 익명으로 다른 사람에게 욕이나 음담패설을 할 수 있는 소셜 미디어도 유행입니다.

아이를 키우는 부모로서 딸들이 피해자가 될까 봐 걱정이 되기도 하고, 자의든 타의든 가해하는 편에 서게 되지는 않을까 걱정도 됩니다. 가해자 아니면 피해자가 될 수 있는 상황을 생각하면 답답하고 화가 납니다. 가해자와 피해자가 있는데 그것을 방관하는 사람이 되는 것도 싫습니다. 그것도 아이들에게는 정서적으로 무척 괴로운 일일 거예요.

아이 스스로 부당한 상황이 자신의 잘못이나 문제가 아니라는 것을 알고 이겨 낼 수 있다면 좋겠지만, 그 시기를 먼저 지나온 제가 다시 옛날로 돌아간다고 해도 결정하기엔 어려운 일인 것 같습니다. 그래서 아이에게 마냥 힘을 내라고만 할 수는 없을 것 같아요. 괴로운 상황을 털어놓고 함께 고민할 수 있는 누군가가 주변에 있길 바라고, 또 제가 그런 사람 중 한 명이 될 수 있으면 좋겠습니다.

워싱턴 의사당 앞에서

공감하는 마음이 필요한 것은 당연해 보입니다. 그런데 무조건 많이 공감하면 세상이 더 좋아질까요? 공감하는 마음이 늘 선한 결과로 이어지는 것 같지는 않습니다. 우리의 공감 능력은 왜곡되기 쉬워요. 최근 인터넷 세상 속 소셜 미디어에서는 공감하는 마음이 이상하게 왜곡되는 경우가 많습니다. 극단적으로 드러난 경우는 2021년 초 미국 대선 결과를 둘러싼 사태예요.

2021년 1월 6일 미국 워싱턴에서는 난데없이 총성이 들려왔습니다. 워싱턴 연방의회 의사당 앞에 모인 트럼프 대통령 지지자들이 쏜 총소리였죠. 그날 연방의회에서는 조 바이든이 이긴 대통령 선거 결과를 확정짓기 위한 회의가 진행되고 있었습니다. 트럼프 지지자들은 이 회의를 중단시키기 위해 의사당을 점거하려고 했어요. 바이든이 이긴 선거는 사기라고, 트럼프 대통령이 재선되어야 한다고 말이에요. 그 과정에서 총격이 일어났던 것입니다. 의사당으로 진입하려는 지지자들을 경찰이 막아 보려 했지만, 수많은 시위대의 인파에 결국 의사당은 점거되어 버리고 말았어요. 그리고 의사당에 난입하는 과정에서 적어도 4명이 사망하고 더 많은 사람이 다쳤습니다. 트럼프 전 대통령이 패배를 인정하지 않고 대통령 선거 결과가 조작되었다며, 지지자들을 모으고 부추긴 결과였죠.

이 사람들은 왜 미국 대선 결과를 인정하지 않고, "선거 사기"라는 트럼프의 말을 믿은 걸까요? 그러한 믿음을 표현하는 데 그치지 않고, 어째서 의사당 난입, 점거 같은 폭력적인 행위를 시도한 걸까요?

이른바 '트럼프 현상'이라고 부르는 이런 일이 생겨난 이유에 대해 사람들은 여러 가지 요인을 꼽습니다. 중국의 경제성장에 대한 미국인들의 불안감, 백인 노동 계층의 몰락, 백인이 아닌 사람들의 지위가 상승되는 것에 대한 백인들의 불만, 이런 변화에 적응하지 못한 사람들의 불안감 등등을 꼽을 수 있죠. 트럼프 현상은 여러 가지 원인이 복합적으로 작용한 결과일 거예요. 하지만 사람들 마음속의 불안감, 불만과 분노만으로는 의사당을 점거한 행동까지 유발했다고 보기에 뭔가 좀 부족해 보입니다. 지지했던 트럼프 전 대통령이 선거에서 졌다는 사실을 인정하지 않은 이유는 무엇이었을까요? 현실을 부정하는 것을 넘어 의사당 점거 같은 극단적인 행동을 한 이유는 무엇일까요? 바이든에게 투표한 사람들의 존재 자체를 무시하는 마음은 어디서 비롯된 걸까요?

'좋아요'는 정말 좋을까?

트럼프 전 대통령이 지지자들을 모으고, 선동할 때 썼던 도구는 트위터나 페이스북 같은 소셜 미디어였어요. 트럼프 지지자들의 의견이 극단화되고, 반대쪽에 있는 민주당 지지자들의 의견이 극단화된 요인에는 소셜 미디어가 자리 잡고 있습니다. 특히 소셜 미디어에서 흔히 볼 수 있는 '좋아요' 기능이 결정적인 역할을 했다고 저는 생각합니다.

'좋아요'의 기능은 아주 단순합니다. 어떤 게시물의 글이나 영상, 사진을 보고 마음에 들면 엄지손가락을 치켜드는 표시를 해 주는 것이죠. 우리는 이것을 누름으로써 그 게시물에 공감을 표시하고, 다른 사람들도 많이 보길 원합니다. 자신이 게시물을 올렸을 때도 많은 사람이 보고 '좋아요'를 눌러 줬으면 하고 바라죠.

소셜 미디어의 초창기부터 '좋아요'가 있었던 것은 아닙니다. 이전에는 댓글을 달아서 게시물이 마음에 든다고 표시했어요. 지금도 여전히 댓글 기능은 있지만, 댓글을 다는 사람보다 '좋아요'를 누르는 사람이 더 많습니다. '좋아요'를 누르는 것은 댓글을 다는 것보다 훨씬 간단하고 편리하고 빠릅니다. 실제로 '좋아요'는 아주 짧은 댓글을 대신하기 위해 만들어진 거예요. '좋아요'가 없었던 때도 '좋네요', '마음에 듭니다', '공감해요' 같은 간단한 댓글이 다수였습니다. 짧은 댓글이지만 여러 번 자판을 눌러야 했죠. 그 대신 한 번만 터치하면 사람들이 더 많이 반응할 거라고 소셜 미디어 회사에서 생각했어요. 그 생각은 맞았습니다. '좋아요' 홍수 속에 우리는 살고 있어요. 게시물에 달린 댓글에도 '좋아요'를 표시할 수 있죠. '좋아요'가 많은 댓글이 보기 쉬운 위치에 노출됩니다.

'좋아요'는 누르는 사람의 입장에서만 편리한 것은 아닙니다. 소셜 미디어 서비스를 제공하는 회사에게 더할 나위 없이 좋은 정보를 제공해 줘요. '좋아요'를 누르는 횟수는 댓글보다 데이터로 처리하기 쉽습니다. 댓글은 어떤 내용인지 일일이 분석해야 하지만, '좋아요'는 간단한 숫자로 드러납니다. 어떤 게시물이 많은 반응을 얻고 공감을 받는지 쉽게 분석할 수 있죠. 어떤 사람이 어떤 종류의 게시물을 더 선호하는지도 쉽게 알 수 있습니다. '좋아요'는 쉽게 누를 수 있기 때문에 더 많은 사람의 더 많은 정보를 회사가 획득할 수 있어요. 그 결과 회사는 개인화된 서비스를 제공합니다. 맞춤 광고 같은 것 말이에요.

광고뿐만 아니라, 검색 결과나 첫 화면에 노출되는 게시물도 맞춤형으로 제공합니다. '좋아요'를 눌렀던 것과 유사한 게시물을 취향에 맞게 보여 주는 겁니다. 그 결과 다른 사람이 소셜 미디어에 접속하면 서로 다른 첫 화면을, 즉 서로 다른 세상을 보게 됩니다. 만약 내가 어떤 정당을 지지한다면 그 정당을 지지하는 사람들의 게시물만 나에게 노출되겠죠. 다른 정당을 지지하는 게시물에 내가 '좋아요'를 눌렀을 리 없을 테니까요. 나와 비슷한 사람들이 올린 게시물과 댓글만 소셜 미디어에서 볼 수 있게 됩니다. 그 결과 다른 정당을 지지하는 사람들, 다른 생각을 지닌 사람들이 없거나 작을 거라고

착각하게 됩니다.

비슷하게 생각하는 사람들끼리 모여 있는 인터넷 세상은 실제 현실보다 나에게 편안한 세상으로 왜곡되어 있습니다. 열린 인터넷 공간에서는 더욱 그런 착각을 주죠. 내가 직접 알지 못하는 다양한 사람이 모여 있는 것처럼 보이지만, 결국 나와 비슷한 생각, 취향을 가진 사람과 연결됩니다. 나와 비슷한 사람이 세상의 다수라는 착각을 할 만한 왜곡입니다. 이런 왜곡은 우리에게 묘한 편안함을 줍니다. '나만 이런 생각을 하는 게 아니구나', '나만 이런 불편함을 느끼는 게 아니구나' 하는 확인을 받기 위해 사람들은 글을 쓰고, 사진을 찍어 올립니다. 비슷한 성향을 지닌 사람들과 인터넷 친구를 맺고 있으니 당연히 공감을 받게 되죠. 현실에서는 의견이 다른 사람들과 부딪힐까 불안할지 몰라도, 소셜 미디어에서는 쉽게 위안을 얻을 수 있습니다. 의도했든 아니든 위안을 얻을 수 있는 사람들과 이미 연결되어 있으니까요. 혹여 다른 의견을 가진 사람이 연결된다 하더라고 걱정할 필요는 없습니다. '좋아요'를 누르지 않거나, 더 적극적인 방법으로 차단을 하면 더는 그 사람을 보지 않아도 되니까요.

사람은 누구나 인정 욕구가 어느 정도 있습니다. 현실에서든 인터넷 세상에서든 자신을 누군가 알아봐 주길 원하고 자신의 가치를 인정받고 싶은 욕심이 있죠. 현실에서는 자신의 노력을 인정받는 것이 쉽지 않고, 인정받기까지 많은 노력과 시간이 필요합니다. 그에 반해 소셜 미디어에 올린 게시물은 금방 반응이 옵니다. '좋아요'를 얼마나 많은 사람이 눌렀는지, 누가 눌렀는지 금방 확인할 수 있습니다. '좋아요'를 많이 받으면 사람들이 자신을 인정해 주는 것 같아 우쭐해지고, 공감받는다는 것에 위안을 느낍니다. '좋아요' 횟수가 많으면 많을수록 기분은 더 좋아집니다. 이제 우리는 어떻게 하면 더 많은 '좋아요'를 얻을 수 있을까 하고 고민하게 돼요. '좋아요' 횟수만큼 인정 욕구가 충족되는 느낌이 듭니다. '좋아요' 횟수가 늘어나는 걸 보며 다시 게시물을 올리게 되죠.

'좋아요'를 많이 받기 위해서는 게시물이나 영상이 길면 안 됩니다. 바쁜 와중에 잠깐씩 스마트폰을 보는 사람의 관심을 끌어야 하니까요. 얼마 전 유튜브는 10~20분 영상도 길다며, 몇 초 정도 되는 영상만 따로 볼 수 있는 메뉴를 공개했습니다. 인스타그램이나 트위터 같은 서비스도 같은 맥락입니다. 손안의 작은 화면을 넘어가는 내용은 현대인에게 너무 길어요. 쓱 훑어 보고 '좋아요'를 누를 수 있어야 합니다. 그러려면 짧고 임팩트 있는 게시물이어야 하죠. 깊이 생각하고 고민해야 하는 글은 피해야 하죠. '좋아요' 버튼을 누를까 말까 고민할 여유도 현대인에게는 없습니다.

더 중요한 것은 입장이 분명해야 한다는 거예요. 단순하고, 선명하고, 극단적이어야 합니다. 진보와 보수가 대립하고 있을 때, 양쪽의 입장을 균형 있게 다루는 글은 양쪽 진영 모두가 외면합니다. 넌

내 편이 아니니 말을 들을 필요가 없다면서 말이에요. 소셜 미디어
에서는 이미 비슷한 성향인 사람들끼리 연결된 상태이니 자신이 속
한 집단과 다른 입장을 전한다면 '좋아요'가 아니라 '싫어요'를 받겠
죠. 나와 비슷한 성향을 지닌 사람들의 '좋아요'를 받기 위해서는 더
단순하고 강력한 주장이 필요하고, 그러다 보니 점점 더 극단적인
내용으로 흘러갑니다. 약간의 과장과 거짓도 섞이게 됩니다. 진실은
대부분 밋밋하고 재미없으니까요.

　그러다 보니 사람들의 눈을 사로잡는 거짓과 과장이 개개인의 소
셜 미디어 첫 화면에 더 많이 노출됩니다. 사람의 취향에 맞춤형으
로 제공되는 과장된 소식을 자신과 연결된 사람에게도 전달하고 싶
어집니다. 자신과 연결된 사람은 비슷한 취향을 가진 사람이니까요.
입장이 서로 다른 사람들이 각자 믿고 싶은 사실과 소식만 접하다
보니 이견이 좁혀질 수 없습니다. 오히려 의견 차이가 더 벌어지게
되죠. 자극적이고 극단적인 소식이 널리 퍼지는 소셜 미디어 특성상
사람들 사이의 의견 차이는 갈수록 커지고 있습니다.

　비슷한 의견을 가진 사람들끼리 모여 있으면 내부에서 다른 의견
을 제시하기 어렵습니다. 어떤 아이돌의 팬클럽에 속해 있는 사람이
새로 나온 곡에 대해 별로라고 한다면 어떨까요? 아이돌을 좋아하
는 마음에서, 더 잘 되길 바라는 마음에서 우러나오는 비평이라도,
다른 팬들에게는 비난처럼 보이기 쉬워요. 조리돌림을 당하거나 무

시당할 거예요.

2020년 의사들의 집단 파업 때도 비슷한 상황이 발생했습니다. 강경한 파업에 대해 조금이라도 다른 의견을 제시하는 사람을 다른 의사들이 조리돌림하거나 무시했죠. 정부의 입장을 옹호하는 의사는 배신자 취급을 당해야 했습니다. 이런 분위기는 반대쪽도 마찬가지였습니다. 젊은 의사들, 전공의들이 겪어야 하는 불합리한 의료 환경이나 국민건강보험체계의 단점이나 한계에 대해 얘기하면 정부를 지지하는 사람들 사이에서 의사 앞잡이로 낙인찍히기 십상이었죠.

소셜 미디어를 통해 끼리끼리 모이게 된 결과, 다른 의견을 가진 내부의 소수 의견은 억압받습니다. 외부적으로는 자신들과 같은 편이 아닌 다른 편의 사람들을 구분하게 됩니다. 그리고 자신들과 다른 집단이라고 인식하는 순간, 인간은 상대방에 대한 공감과 이해를 덜 하게 됩니다. 운동회 때 내가 백팀일 경우, 청팀 선수의 아픔에 덜 공감하게 되는 것처럼요. 아주 단순한 구분이라도 인간의 공감 능력에는 큰 영향을 미칩니다. 응원하는 축구팀, 야구팀과 같이 취미 수준의 편 가르기에 의해서도 공감 능력은 영향을 받습니다. 정치적 입장이 다르다는 이유로, 성적 취향이 다르다는 이유로, 인종이 다르다는 이유로 사람들은 덜 공감합니다. 때론 사람 대접조차 하지 않습니다.

이런 방식의 구분과 편 가르기가 소셜 미디어에서는 자연스럽게 이루어져요. 뿐만 아니라 끼리끼리 모인 사람들 안에서 '좋아요' 경쟁을 부추기죠. '좋아요'를 더 많이 받기 위해서 사람들은 자극적이고 극단적인 의견을 제시합니다. 다른 집단이나 다른 사람을 향해 공격적인 말과 행동을 하기까지 합니다. 자신이 속한 집단의 사람들로부터 '좋아요'를 더 많이 받고 인정을 받기 위해서예요. 극단적인 혐오 표현이 소셜 미디어에 넘쳐나게 된 이유입니다.

불쌍해하는 것에서 그치지 않기

2021년 1월 6일 워싱턴 의사당 앞으로 다시 돌아가 보죠. 트럼프를 지지하기 위해 모였던 사람들은 주로 백인이었고, 미국이라는 자신들의 나라만 강해지는 것을 중요시하는 사람들이었습니다. 상대적으로 다른 인종, 흑인이나 남미 출신 사람, 아시아인을 멸시하죠. 미국이 아닌 다른 나라의 사람이 어떤 고통을 받고 있든 자신들과 상관없다고 생각합니다. 의사당 앞에 나무로 만든 교수대를 세워 자신들의 의견을 드러내기도 했는데요. 죄 없는 흑인들을 매달아 죽였던 끔찍한 과거를 소환하는 의식적 행위였어요. 과거 미국에서 백인이 아닌 다른 사람들을 동물 이하로 취급했다는 상징이기도 합니다(정확하게는 동물 미만의 취급이라고 해야겠네요. 인간이 아닌 동물이라도 그렇게 대하면 안 되니까요.).

　미국뿐만 아닙니다. 1950년대까지도 미국과 유럽에서는 아프리카 원주민을 '전시'했어요. 인간동물원에 갇힌 원주민은 문명의 혜택을 입지 못한 야만인 취급을 받으며 구경거리가 되었죠. 고향의 따뜻한 날씨와 다른 유럽의 추운 겨울에도 원주민은 전통의상만 입어야 했습니다. 백인들은 옷을 갖춰 입고 철창과 유리 벽 밖에서 저 불쌍하고 미개한 사람들을 보라며 손가락질하며 관찰했어요.

　자신보다 못한 처지에 놓인 사람을 볼 때, 백인들이 전시된 원주민을 보듯 보게 되는 경우가 있습니다. 난 저런 불행을 당하지 않아서 다행이라고 가슴을 쓸어내리면서 말이죠. 한편으로는 자신의 처지에 안심하면서, 또 다른 한편으로는 동정하는 마음에 괴로워하기도 합니다.

　공감과 동정하는 마음은 서로 유사한 면이 있지만, 결코 같지 않습니다. 두 마음 모두 다른 사람의 고통과 불행을 파악하지만, 동정하는 마음은 그 사람의 불행을 자신의 것처럼 느끼지 않습니다. 동정을 통해 느끼는 심적 괴로움은 고개를 돌려 버림으로써 쉽게 잊혀집니다. 반면에 공감은 그 사람의 입장에서 함께 고통을 느끼는 것입니다. 공감적 염려는 함께 괴로움과 고통을 완화하도록 부추깁니다.

　받는 사람 입장에서 공감이나 동정을 생각해 봅시다. 나의 불행에

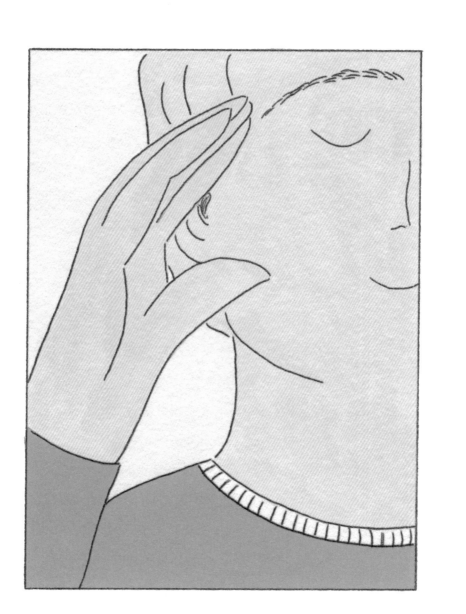

대해 거리를 두고 "아이고 저런"이라며 혀를 차는 사람이 있을 겁니다. 나를 불쌍해하며 그 사람은 얼굴을 찡그리고 있을 수도 있겠죠. 동정하는 사람은 여기서 더 손을 내밀지는 않습니다. 마음의 벽을 세웁니다. 그러나 공감하는 사람이라면 슬픈 표정으로 "힘들겠네"라고 위로를 건네고, 토닥여 줍니다. 눈물을 같이 흘리기도 합니다.

동정을 받을 때는 '내가 불행하구나', '정말 불쌍한 것이 맞구나' 하고 확인할 수 있을 뿐입니다. 동정을 받음으로써 내 기분이 나아지기는커녕 내 불행함이 더욱 확실해지는 느낌이 듭니다. 기운 내서 상황을 헤쳐 나가야 하지만 그럴 힘이 나지 않습니다. 하지만 공감을 받을 때는 다릅니다. 내 처지와 상황을 이해해 주고, 같이 마음 아파하는 것에서 위안을 받습니다. 비록 내 상황이 나아질 수 없을지라도, 상황을 헤쳐 나갈 수 있는 힘을 얻게 됩니다.

인터넷에 있는 사진이나 영상을 통해 타인의 불행을 보고, 소셜 미디어에 공유하는 행동은 자칫 동정에 그칠 가능성이 큽니다. 직접적으로 도움의 손길을 내미는 것이 힘든 상황에서 타인의 고통을 공유하는 간단한 방식은 공감하는 배려의 마음으로 발전하기 힘들어요. 오히려 점점 타인의 불행과 고통에 익숙해지고, 둔감해질 수 있지요.

타인의 처지에 공감하고, 자신도 그랬다며 연대하는 것이 소셜 미디어에서 일어나기도 합니다. 해시태그 운동이나 미투 운동 같은 것입니다. 이런 운동이 단순히 유행에 그치지 않으려면 인터넷 밖 세상으로 목소리가 전달되어야 할 거예요. 소셜 미디어의 특성상 이런 것을 공유하는 사람들끼리 공감하고 그칠 우려가 있기 때문이죠.

인터넷 세상이든 바깥세상이든 무엇보다 중요한 것은 자신과 다른 입장에 있는 사람의 이야기를 귀 기울여 들어야 한다는 것입니다. 자신의 생각이 옳고, 상대방이 틀렸다고 생각할지라도 열린 마음으로 주의 깊게 들어야 해요. 말을 제대로 마치기도 전에 "네가 틀렸어."라고 말한다면, 아마 설득하는 것은 불가능할 거예요. 설사 그 사람이 잘못된 생각을 하고 있더라도, 열린 마음으로 그 사람이 왜 그렇게 생각하는지 깊이 고민하면서 들어야 합니다. 그 사람의 입장과 그 배경을 이해해야 공통점을 찾아내어 비로소 합의에 이를 수 있을 겁니다.

다양한 사람이 모여 있는 인터넷 세상에서도 입장이 다른 사람의 목소리를 듣기 위해서는 노력이 필요합니다. 그런 목소리를 내는 사람이 많다면 듣기 싫더라도 쉽게 눈에 띄겠죠. 열린 마음으로 포털 뉴스의 댓글이나 소셜 미디어를 본다면 발견할 수 있습니다.

하지만 우리의 열린 귀와 눈이 꼭 필요한 곳은 따로 있습니다. 다음 장에서는 우리가 일부러 찾아보고 듣지 않는다면 알기 힘든 이야기에 대해 소개할 거예요. 공감은커녕 인식의 대상조차 되지 못하는 사람들의 이야기에 대해서 말이죠.

인천공항에 갇힌 가족

2018년 겨울, 앙골라 국적의 부부와 열 살 첫째, 여덟 살 쌍둥이, 여섯 살 막내까지 총 6명의 식구가 인천공항에 도착했습니다. 외국인은 공항에 도착하면 입국심사를 받아야 하고, 심사를 통과하지 못하면 돌아가야 해요. 이때 돌아갈 수 없는 외국인이 있습니다. 바로 난민이죠. 난민은 인종, 종교, 국적, 특정한 집단의 구성원이라는 신분 또는 정치적 의견을 이유로 박해를 받을 우려가 있어서 자기 나라에서 보호를 받을 수 없는 사람이에요. 난민협약은 난민을 추방해서는 안 되고, 보호해야 한다고 선언하고 있고, 우리나라도 이 협약에 가입했습니다.

이 부부는 어릴 때 콩고에서 자랐습니다. 성인이 되어 앙골라로 돌아왔을 때 앙골라에서는 콩고 출신 사람들이 차별을 받고 있었어요. 남편은 앙골라에서 택시 운전을 하다가 경찰과 작은 마찰이 생겼는데, 콩고 출신이라는 이유로 끌려가 감옥에 갇혔고, 남편이 없는 집에 경찰이 들이닥쳐 부인을 괴롭히기도 했습니다. 남편은 감옥에서 탈출해 가족들과 급히 앙골라를 떠나야 했지요. 여러 나라를 비교해 보고 선택할 여유 없이, 주변에서 한국을 추천했을 때 한국이 안전할 것이라 믿고 무작정 비행기에 몸을 실었습니다. 하지만 가족은 인천공항에서 입국을 거부당했고, 난민 신청을 했지만 가짜 난민이라는 의심을 받아 심사를 받을 기회도 얻지 못했어요. 가족들은 여행객들이 지나다니는 공항 터미널에서 쪽잠을 자면서 지내야 했습니다.

공익변호사들은 가족이 난민 심사를 받을 수 있도록 열심히 소송을 했고, 결국 이겼습니다. 동료들이 공항으로 가서 가족들에게 승소 소식을 전했을 때, 아이들이 달려 나와 동료들의 품에 안겼다고 합니다. 마침 그날은 여섯 살 막내의 생일이어서 판결은 멋진 선물이 되었지요.

가족은 287일 만에 공항을 벗어나 경기도의 어느 다가구주택 지하에 보금자리를 마련했고, 2년 동안 심사를 받아 난민으로 인정을 받았습니다. 재판이 진행될 때부터 한국에 정착하기까지 여러 시민단체와 시민들이 가족을 도와주었습니다.

이 가족과 관련된 작은 에피소드를 하나 소개할게요. 난민 심사 과정에서 부인과 대화를 나누다가 "집에 있는 냄비가 너무 작아서 끼니때마다 여섯 식구를 위한 요리를 두 번씩 하는 게 불편해요."라는 이야기를 들었습니다. 그 이야기를 전해 들은 저의 어머니는 안타까워하시면서 아껴 둔 큰 냄비 두 개를 보자기에 싸서 저에게 주셨습니다. 그 냄비를 받은 부인은 무척 기뻐했지요. 서로 얼굴도 모르는 사이지만, '엄마의 마음은 엄마가 제일 잘 아는구나.' 생각했습니다.

공감이
힘이 될 때

기울어진 뉴스

여러분은 이 책의 「함께 공감하기」에 소개된 사람들 – 자폐성 장애 학생, 미등록 이주민의 자녀 이야기나 인천공항의 가족 이야기를 들어 본 적이 있나요? 이렇게 사회적으로 소수집단인 사람들(앞으로 '소수자'라고 할게요.)의 이야기는 아마 주변에서 쉽게 접할 수 없을 거예요.

요즘 잠들기 전 스마트폰으로 포털 사이트에 올라오는 뉴스를 보는 습관이 생겼습니다. TV를 거의 보지 않지만 포털 사이트의 메인 뉴스 제목만 봐도 요즘 정치권에서는 어떤 논쟁을 벌이고 있는지, 어떤 연예인이나 드라마가 인기 있는지 알 수 있지요.

하지만 사회적 소수자 이슈가 메인에 뜨는 것은 정말 보기 어려워요. 하지만 그것을 의식하기는 더 어렵지요. 매일 밤 보는 포털 사이트의 메인 화면 중 '연령별 많이 본 뉴스'와 '열독률 높은 뉴스'에서 보여 주는 대로 클릭하다 보니, 보이는 것을 중심으로 생각하고, 사람들과 대화를 나누게 된다는 생각이 들었습니다.

코로나 시기에 메인 포털 사이트에서 장애인이 등장했던 뉴스들은 부모나 형제가 발달장애인 가족을 돌보다 장애인을 죽이고 자살한 경우였어요. 조현병이나 우울증을 앓는 정신장애인의 경우에도 뉴스의 범죄 소식에서 가해자가 정신질환이 있다는 식의 보도를 통해서 접하게 됩니다.

이러한 뉴스를 보면 발달장애인은 보호가 필요하고 가족을 힘들게(만) 하는 사람이라는 인식이 생기게 되고, 정신장애인은 통제가 필요한 사람, 범죄를 저지를 수 있는 위험한 사람이라는 낙인이 찍히게 됩니다. 많은 발달장애인이 적절한 교육과 훈련을 꾸준히 받아 사회생활을 하고 있다는 사실은 알기 어려워요. 정신장애인이 범죄의 가해자인 경우보다 피해자인 경우가 많고, 비장애인보다 범죄율이 낮다는 것도 모르는 사람이 많죠. 정신장애인이 적정한 약을 복용하거나 치료를 받으면서 사회생활을 할 수 있다는 점도 알기 어렵습니다.

내가 보지 못하는 것을 보려면 의식적인 노력이 필요합니다. 포털 사이트 메인에 뜨지 않지만 꼭 나누고 싶은 이야기들이 있습니다. 그래서 지금부터는 소수자들 앞을 가로막는 견고한 장벽 앞에서 조금씩 변화를 만들어 가고 있는 이야기를 들려줄게요.

시각·청각장애인도 천만 관객이 되고 싶다

휠체어를 이용하는 장애인들이 건물의 턱과 계단 때문에 일상생활에서 어려움을 겪는 것처럼, 장애인들은 우리 사회 곳곳에서 다양한 형태로 어려움을 겪습니다. 이번에는 시각장애인과 청각장애인들이 겪는 문제를 이야기하려고 합니다.

코로나 시기 이전까지 우리나라 사람들이 여가에 가장 즐겨 하는 문화 활동은 바로 영화 관람이었습니다. 이 글을 쓰는 2021년 가을에도 여전히 극장을 가는 것이 조심스럽지만, 얼른 코로나가 종식되어 가족들, 친구들과 같이 영화 보고 수다를 떠는 평범한 일상이 회복되길 바라고 있습니다. 그런데 이렇게 함께 영화를 보는 평범한 일상을 코로나 이전부터 누리지 못하던 사람들이 있습니다. 바로 시각·청각장애인들입니다.

여러분이 모처럼 친구나 가족과 영화를 보러 간 날, 스크린이 꺼진 상태에서 인물들이 주고받는 대화나 배경음악 같은 소리만 계속 나온다면 어떨까요? 아니면 스크린에서 주인공들이 중요한 이야기를 하는데 스피커에서 소리가 나오지 않고 배우들이 말하는 입만 보아야 하는 상황이라면 어떨까요? 저라면 너무 답답하고 화가 나 극장 직원에게 항의를 하고, 빨리 조치를 취해 달라고 요구할 것 같아요.

이러한 상황을 시각장애인, 청각장애인들은 항상 겪고 있습니다. 시각장애인은 소리에 담긴 정보를 통해 영화를 이해할 수 있습니다. 한국영화는 대사를 알아들 수 있어서 그나마 낫지만, 한국영화가 아니라 외국영화라면 자막을 볼 수 없는 시각장애인을 위해서 대사를 한국어로 더빙을 해야 이해할 수 있지요. 그리고 대사를 듣는 것만으로 영화를 모두 이해할 수는 없습니다. 우리는 대사 외에도 배우들의 움직임, 눈빛, 배경 등 다양한 상황으로 영화를 이해하니까요.

한번 상상해 보세요. 영화의 첫 장면에서 10분간 긴장된 음악이 깔리고 어둠 속에서 여러 명의 도둑이 서로 눈빛과 손짓을 주고받으면서 주인공의 집에 조용히 침입해 돈을 훔쳐 간 다음, 자막에 '6개월 후'라고 뜨고 도둑들이 부자가 된 모습으로 영화가 전개됩니다. 이 상황에서 시각장애인들은 왜 긴장된 음악이 10분간 나왔는지 이해할 수 없습니다. 이러한 상황을 바꾸려면, 시각장애인에게는 영화의 장면을 설명해 주는 '화면해설'이 필요합니다.

청각장애인들은 어떨까요? 2011년 「도가니」라는 영화가 개봉되어 큰 화제가 되었습니다. 「도가니」는 광주의 인화학교라는 청각장애인 특수학교에서 교장 등 교직원들이 청각장애인 학생들에게 저지른 끔찍한 성범죄를 고발한 영화입니다. 영화에서 청각장애인 학생이 법정에서 증인으로 진술하는 장면이 나옵니다. 비장애인 변호사나 검사가 질문을 할 때에는 자막이 나오지 않다가, 청각장애인

학생이 수어로 대답을 하면 자막이 나왔지요. 청각장애인 인권문제를 다룬 영화라 청각장애인들이 영화를 보러 극장에 많이 갔는데, 수어로 말할 때만 자막이 나오는 상황을 보고 분개했습니다. 청각장애인이 영화를 이해하려면 대화를 자막으로 보여 줘야 합니다. 배경음악이 나오면 스크린에 음악의 분위기를 설명하는 자막과 함께 음표(♪) 표시가 뜨고, 주인공이 전화통화를 하면 통화 내용이 전화기(☎) 표시와 함께 자막으로 나오고, 통화하는 주인공 등 뒤로 누군가 문을 세게 닫고 나가면 '(문이 닫히며) 쾅!', 이어 급하게 자동차가 출발하는 소리가 들려서 주인공이 전화기를 들고 창문을 열어 본다면 '부릉부릉~(창밖으로 요란한 자동차 시동 소리가 들린다.)'는 자막이 나와야 하지요.

화면해설이나 자막을 보여 주는 방식은 다양하게 개발되어 있습니다. 대형 스크린에 자막을 띄우고 대형 스피커에서 화면해설이 나오게 해 비장애인, 장애인 구분 없이 영화를 같은 방식으로 볼 수 있게 할 수 있는데, 이것을 '개방형 배리어 프리 영화 시스템'이라고 해요. 시각 또는 청각장애인 관객에게 화면해설이나 자막이 나오는 기기를 제공하는 방법도 가능합니다. 이것은 '폐쇄형 배리어 프리 영화 시스템'이라고 하지요. 요즘 기술이 계속 발달하고 있어서 스마트 안경을 쓰면 안경에 자막이 흐르도록 할 수 있고, 자막과 함께 수어도 볼 수 있게 되었습니다. 기술적으로 불가능하지 않다는 이야기예요.

우리나라의 CGV와 같은 미국의 대형 상영업체 'Regal'에서는 소니와 합작투자로 스마트 안경을 개발했습니다. 몇 년 전 미국으로 출장을 갔을 때 동료 변호사와 일부러 Regal지점을 찾아갔습니다. 동료 변호사는 시각장애가 있었는데, 영화를 제대로 관람한 적이 없다고 했어요. 스마트폰으로 극장 홈페이지를 들어가 보았더니 상영작 소개와 함께 자막과 화면해설이 제공된다는 안내가 있었지요. 영화를 예매한 후 매표소에서 영화를 예약한 스마트폰 화면을 보여주면서 자막 기기와 화면해설 기기를 요청했더니 직원이 흔쾌히 그 자리에서 기기를 주었습니다. 저는 자막 기기로 받은 스마트 안경을 끼고 영화와 자막을 함께 보았고, 동료는 화면해설 기기와 연결된 헤드폰을 끼고 화면해설을 들으면서 영화를 관람했습니다. 둘 다 영화관을 나올 때 영화를 보기가 훨씬 좋았다고 입을 모아 말했습니다.

저는 이러한 경험과 문제의식을 가지고 지금 시각장애인과 청각장애인을 대리하여 CGV, 롯데시네마, 메가박스를 상대로 화면해설과 자막을 제공해 달라는 소송을 하고 있습니다. 영화 「사도」가 개봉한 뒤 2016년에 소송을 시작했는데, 2019년 「기생충」, 2021년 「미나리」가 개봉할 때에도 계속 재판이 이어졌습니다.

2021년 겨울, 2심 재판부는 원고들에게 일부 승소 판결을 내렸습니다. 스크린 300석을 넘는 극장에서 총 상영 횟수의 3퍼센트까지 자막과 화면해설을 제공하라는 판결이었습니다. 스크린 300석은 현재 법상 기준이 있지만, 총 상영 횟수의 3퍼센트라는 기준은 어떻게 나온 것인지 판결문을 여러 번 읽어 봐도 납득할 수 없었습니다. 100번 중에 3번만 차별하지 말라는 이상한 판결을 보면서 아직도 갈 길이 멀다는 생각이 들었어요. 원고와 피고 모두 판결을 받아들이지 못해서 대법원에서 다시 다투게 되었습니다.

이 재판을 응원하는 어느 청각장애인은 이렇게 말했습니다. "영화 「기생충」이 유행할 당시에, 왜 사람들이 자꾸 '너는 계획이 다 있구나.'라는 말을 하는지 의아했어요. 스마트 안경을 쓰고 영화를 보니 고구마 10개를 먹고 사이다를 마신 기분이에요." 이 책이 나올 때쯤에는 코로나가 끝나고 소송도 끝나서 시각·청각장애인들이 친구, 연인, 가족과 함께 주말에 영화 관람을 하는 평범한 일상을 함께 누리고 있으면 좋겠습니다.

좋은 시설보다는 선택할 수 있는 삶을

2021년 봄 대구에서 열린 세미나에 참석했습니다. 장애인의 탈시설 운동에 관한 세미나였어요. 그곳에서 이수나 님의 이야기를 들었습니다. 이수나 님은 대구 탈시설자조모임의 리더라고 자신을 소개했지요. 시설에서 살다가 지금은 탈시설에 성공했는데, 지금의 삶이 얼마나 만족스러운지 말해 주었습니다. 특히나 인상적이었던 부분은 '선택'에 관한 이야기였습니다. 시설에서는 수나 님이 선택할 수 있는 것이 거의 없었다고 해요. 밥과 반찬도 주는 대로 먹어야 하고, 잠을 자거나 일어나는 시간도 시설의 규칙에 따라야 하고 옷도 입혀 주는 대로 입어야 했지요. 그런데 탈시설에 성공해 자립 생활을 시작했을 때 수나 님은 무수히 많은 선택의 순간을 맞닥뜨렸습니다. '아침이네…… 지금 일어날까? 좀 더 늦잠을 잘까? 아침밥은 계란프라이를 먹을까? 귀찮은데 먹지 말까? 옷은 치마를 입을까 바지를 입을까? 신발은 운동화를 신을까 하이힐을 신을까? 지하철 탈까? 장애인 콜택시 부를까?……' 그러고 보니 우리의 삶은 무수히 많은 크고 작은 선택들도 꽉꽉 채워져 있습니다. 그런데 시설에 사는 사람들에게는 선택할 수 있는 부분이 거의 없습니다.

　장애인 탈시설 운동은 장애인들이 시설이 아닌 지역사회에서 함께 살자는 운동이에요. 우리 헌법에서는 국가가 장애인을 특별히 보호하도록 의무를 정하고 있는데, 과거에는 정부가 장애인이 살 수 있는 거주 시설을 만들어서 장애인을 보호하거나, 개인이나 단체에서 거주 시설을 만들면 그 시설에 보조금을 주어서 장애인을 보호하도록 했습니다. 하지만 이것은 장애인이 원한 삶은 아닙니다. 사실 누구도 이런 삶을 원하지 않아요. 가끔 공부나 일하기 싫을 때 '아~ 누가 나 좀 먹여 주고 재워 주면 좋겠다. 그냥 가만히 있고 싶다!'는 생각이 들 때도 있지만, 그건 실제 삶이 그렇지 않기 때문입니다. 보통은 2~3일만 지나도 갑갑해서 밖에 나가 친구와 함께 놀고 싶고, 다시 공부나 일이 하고 싶어질 거예요. 그런데 시설에서 사는 장애인들은 10년, 20년, 30년 기약 없이 시설에 있습니다. 눈 뜨면 온종일 할 일이 없고, 때 되면 메뉴가 정해진 밥을 정해진 시간에 먹어야 하고, 외출도 마음대로 할 수 없습니다. 혼자만의 공간이 없으니 데이트는커녕 결혼도 꿈꿀 수 없지요.

제가 들은 가장 멋진 사랑 이야기는 장애인 거주 시설에서 살다가 사랑에 빠진 남녀 장애인 커플의 이야기입니다. 남자가 먼저 시설에서 나갔고, 두 달 뒤에 여자가 기어서 시설을 탈출했어요. 두 사람은 결혼을 하고 야학을 다니면서 못 다한 공부를 하며 멋지게 살고 있지요.

장애인은 시설에서 사는 게 더 안전하다고 말하는 사람들이 제 주변에도 있습니다. 운영이 잘 되는 시설도 있지만 반대로 인권침해가 일어나기 쉬운 곳도 시설이에요. 시설은 폐쇄적이고 장애인들이 다른 대안이 없는 상황에서 시설 안에서 자신들을 먹여 주고 재워 주는 사람들에게 문제를 제기하기가 어렵거나 장애로 인해 할 수 없는 경우가 많기 때문이죠. '도가니 사건'으로 유명한 광주 청각장애인 학교에서는 교장이 청각장애인 학생들을 성폭행했습니다. '서울판 도가니'로 알려진 서울의 한 발달장애인 거주 시설에서는 장애인들을 보살피는 생활재활교사가 쇠로 된 자로 장애인을 수십 대씩 때렸고, 운영자는 보조금을 빼돌렸어요. 탈시설이 논의된 2000년대 중반부터만 살펴봐도 거의 매해 한 건 이상 심각한 시설 내 인권침해 사건들이 언론을 통해 알려졌습니다. 알려지지 않은 크고 작은 인권침해 사건들은 더 많이 있으리라 생각합니다.

실로암의 집이라는 중증장애인시설을 방문한 여준민 인권활동가는 이렇게 증언했습니다.

식단 또한 딱 3가지 반찬에 먹을 것이 없었고, 어묵 반찬은 상했는지 구토가 날 지경이었다. 부실한 식단 탓인지 거주인들 대부분은 비쩍 말라 있었고, 그들의 일상은 그저 무기력하게 초점 없는 퀭한 눈으로 허공을 맴도는 것뿐, 그 이상도 이하도 아니었다. 문을 열어 놓고 있었지만 모든 거주인의 방문 밖에는 잠금장치가 걸려 있었고 침대 외에 개인 소지품이라고 볼 수 있는 물건은 단 하나도 눈에 띄지 않았다. 지적·자폐성 장애가 아닌 지체·뇌병변 장애가 있는 거주인 두 사람은 한 치의 망설임도 없이 (다음과 같은) 의사를 표현했다. '나가서 살고 싶다'고.

— 형제복지원 진실 규명을 위한 대책위원회(준), 『형제복지원 사건 자료집』(2013년)

실로암의 집은 2016년에 폐쇄되었지만, 전국에는 아직 1,539개의 장애인 거주 시설이 정부 보조금을 받으면서 운영되고 있습니다. 제가 만난 장애인 중에는 이수나 님 외에도 시설에서 살다 나온 분들이 많은데, 그분들은 모두 "다시는 시설로 돌아가고 싶지 않다."고 말했습니다. 장애단체들은 "아무리 좋은 시설도 감옥"이라고 주장하면서 장애인들이 지역사회에서 자립하여 살아갈 수 있게 해 달라며 탈시설 운동을 하고 있습니다.

누군가는 이런 생각을 할 수 있겠지요. '본인이 나오고 싶으면 나오면 되지.' 하지만 자기 생각대로 하기 어려운 경우가 많습니다. 많은 장애인이 시설에 들어갈 때도 자기 스스로 입소를 결정하기보다 부모님이나 다른 가족들이 결정하여 들어간 경우가 대부분입니다. 어릴 때부터 시설에서 생활해서 시설 밖의 삶을 상상해 볼 수 없는 사람들도 많지요.

우리나라에는 3만 명의 발달장애인이 거주 시설에서 살고 있고, 1만여 명의 정신장애인들은 정신요양시설에서 살고 있습니다. 그리고 이들의 탈시설을 반대하는 목소리가 강합니다. 반대의 목소리를 내는 사람 중에는 시설에 자녀를 맡긴 가족도 있고, 장애인을 위한 지역 서비스나 기반이 잘 갖춰져야 한다고 주장하는 전문가들도 있지요. 그리고 발달장애인이나 정신장애인이 우리 동네, 이웃에서 살면 위험하거나 안 좋을 것 같다는 시민들의 생각이 이들의 목소리를 뒷받침해 줍니다.

2017년 서울의 어느 동네에서 있었던 일입니다. 이곳에 장애인이 다니는 특수학교를 설립한다는 소식을 들은 주민들이 "집값 내려간다. 발달장애인들이 동네를 다니면 위험하다."라며 결사적으로 반대를 했습니다. 발달장애인을 둔 부모들이 반대하는 주민들 앞에서 무릎을 꿇고 사정하던 모습이 뉴스에 나오기도 했지요. 저는 화가 나고 답답했습니다. 이런 일이 처음이 아니기 때문이에요. 22년 전 강남에 특수학교인 밀알학교를 지을 때도 똑같은 이유로 주민들이 반대했고, 재판까지 해서 겨우 학교를 지었습니다. 사람들은 집값이 내려갈 것을 우려했지만 그런 일은 일어나지 않았습니다. 밀알학교를 멋지게 지은 뒤 그 안에 카페도 만들어 주민들에게 개방을 했더니 오히려 주민들의 삶의 질이 더 좋아졌습니다. 밀알학교를 다니는 장애학생 가족이 학교 주변으로 이사를 오면서, 장애인을 이웃으로 만난 지역주민들은 장애인을 더 이해하게 되었다고 합니다.

오랫동안 공감을 연구해 온 자밀 자키 교수는 편견을 품고 있는 서로 다른 집단의 사람들이 뒤섞이고 접촉하면 편견이 줄어들고 공감을 향상시킨다고 합니다. 여기서 중요한 것은 접촉인데, 교류를 해야 오해와 편견이 없어집니다. 교류 없이 관찰만 하면 오히려 오해와 편견이 더 강해질 수도 있습니다. 교류는 형식적으로만 이루어져서는 안 되고 차별받는 집단 전체에 대해 긍정적인 면을 깊이 생각해 볼 수 있어야 합니다.

탈시설 운동의 선두에는 10여 년 전에 먼저 시설에서 나온 장애인들이 있습니다. 그들은 지역의 기반이나 서비스가 지금보다 훨씬 부족할 때 시설을 탈출했지요. 물론 그들이 나와서 맞닥뜨린 당시의 삶은 힘들었지만, 그들이 탈시설했다는 것 자체로 시설에서 사는 장애인들에게는 강력한 동기와 용기를 주었어요. 장애인들의 탈시설 운동의 결실로 2020년 12월 10일 국회에 '탈시설지원법안'이 발의되었습니다. 장애인이 시설에서 벗어나 지역사회에서 살 수 있도록 지원하는 내용, 시설을 10년 안에 단계적으로 축소, 폐쇄하고 그 과정에서 필요한 지원을 하는 내용, 시설에서 인권침해가 발생하면 조사하는 내용을 담고 있습니다. 이듬해인 2021년 여름, 정부는 장애인 탈시설 로드맵을 발표했습니다. 20년 안에 시설을 단계적으로 줄여 가면서 장애인의 탈시설을 지원하겠다는 내용입니다.

시민들의 생각도 조금씩 바뀌고 있습니다. 과거에는 눈에 보이지 않던, 봉사자로 시설을 방문해야 만날 수 있었던 불쌍한 장애인들을 이제 동네 이웃으로 만나게 되었지요. 장애인이 지역 학교에 가고, 식당과 마트를 이용하면서 사람들이 장애인과 교류할 기회를 얻게 된 거예요. 탈시설 운동은 단순히 장애인을 시설 밖으로 나오게 하는 운동이 아닙니다. 우리 사회가 장애인이 겪는 어려움을 공감하고 장애인과 함께 살아갈 수 있도록 하는 출발점이라고 생각합니다.

1층이 있는 삶과 보편적 디자인

2020년 11월 11일 서울 광화문 광장에 휠체어를 탄 장애인들이 모였습니다. 장애인들은 기자 회견을 열고 카페, 식당, 편의점과 같은 공중이용시설을 이용할 수 있게 해 달라고 요구했습니다. 그리고 광장 주변에 들어서 있는 대형 프랜차이즈 카페를 차례대로 찾아갔습니다. 점심시간이라 많은 회사원이 카페로 들어갔지만, 휠체어를 탄 장애인들은 입구에서 멈춰야 했습니다. 턱과 계단에 가로막혀 들어가지 못한 거지요.

장애인들은 뿅망치를 들고 카페 입구의 턱과 계단을 내리쳤습니다. 뿅뿅뿅! 경쾌한 소리가 났지만 장애인들의 표정은 비장했습니다. "커피 한잔해.", "카페에서 만나." 비장애인들은 가볍게 할 수 있는 약속인데, 이런 말을 쉽게 할 수 없는 장애인들의 한이 느껴졌습니다. 큰 것이 아니라 사소한 일인데, 누군가는 할 수 있지만 또 다른 누군가는 할 수 없다면 할 수 없는 사람 입장에서는 참 서럽지요. 휠체어를 탄 장애인들은 거리를 나서는 순간부터 매일매일 그러한 서러움을 겪고 있습니다.

그래서 우리는 '1층이 있는 삶' 프로젝트를 하고 있습니다. '1층이 있는 삶'은 '누구든지 최소한 건물의 1층은 이용할 수 있도록 건물 입구에 단차를 제거하거나 경사로를 설치하자.'는 의미를 담고 있습니다.

　우리가 무리한 이야기를 하는 것은 아닙니다. 우리나라 법률에서 "공중이용시설을 이용할 때 가능하면 최대한 편리한 방법으로 최단 거리로 이동할 수 있도록 편의시설을 설치해야 한다."는 원칙을 정하고 있습니다. 그리고 "장애인이 장애인이 아닌 사람들이 이용하는 시설을 동등하게 이용할 수 있는 권리를 가진다."고 법에서 분명히 정하고 있습니다.

　그럼 도대체 뭐가 문제일까 들여다보니 법이 적용되지 않는 곳이 많다는 것을 알게 되었습니다. 예를 들어 카페, 음식점, 편의점은 2022년 5월 전에 건축된 건물이라면 바닥면적을 기준으로 300제곱미터(약 90평) 이상, 그 이후에 건축된 건물이라면 50제곱미터(약 15평) 이상인 곳에만 단차를 제거하거나 경사로 등의 편의시설을 설치할 의무가 있고, 그보다 작은 곳은 재정 능력이 충분해도 의무가 없습니다. 게다가 25년 이상 오래된 건물에도 법이 적용되지 않습니다.

　'새로 지어진 넓은 곳으로 가면 되겠네.'라고 생각할 수도 있습니다. 물론 틀린 말은 아닙니다. 휠체어를 탄 친구와 함께 카페나 음식점을 간다면 먼저 그런 말을 꺼내면 좋을 것 같아요. 하지만 턱과 계단에 가로막히는 경험을 몇 번 하고 나면, 그 친구는 "우리 다음에 같이 가자. 나는 먼저 집에 들어갈게."라고 말할지도 모릅니다. 나 때

문에 모임에 방해가 된다는 생각에 맘이 불편해지기 때문입니다. 그 친구가 미안해할 일은 아닙니다. 우리 사회가 미안해야 할 일이죠. 바닥면적과 건축 시기로 넓은 예외를 두고 있는 법이 바뀌어야 하고, 사람들의 생각도 바뀌어야 합니다.

'1층이 있는 삶' 프로젝트가 성공하면 휠체어 이용 장애인만 편한 것이 아니라 유아차를 끄는 사람, 다리가 불편한 어르신들에게도 좋습니다. '1층이 있는 삶' 다음에는 무엇이 필요할까요? 2층, 3층 순서대로 바꾸는 것도 나쁘지는 않겠지만, 결국에는 건물 전체에 보편적 디자인이 필요하다는 생각이 듭니다. 보편적 디자인은 앞에서 소개한 패트리샤 무어가 만든 것이죠. 누구에게나 편리한 디자인인데 냉장고 문 같은 상품에만 적용되는 것이 아니라 건물에도 적용될 수 있습니다.

우리 가족은 주말에 집 근처에 있는 서소문 역사공원으로 산책을 자주 갔습니다. 그곳 지하에는 서소문 성지 역사박물관이 있습니다. 아이들은 박물관 입구에서 나눠 주는 뽀로로 사탕을 받는 것을 좋아했지요. 저는 처음 박물관에 갔을 때 무척 감동을 받았습니다. 가톨릭 순교자들을 추모하기 위한 공간에 들어가니 마치 우주 속에 있는 것처럼 장엄하면서도 숙연해졌습니다. 가장 인상적이었던 것은 그 건물이 보편적 디자인을 비교적 잘 구현했다는 점이었습니다. 이곳은 집 근처에서 유아차를 끌고 다니기 가장 좋은 공간이었지요. 건물에 턱이 없고, 장애인을 위한 화장실도 잘 갖추어져 있습니다. 계단에는 걸음이 불편한 노인이나 장애인이 이동하기 편하도록 핸드레일이 설치되어 있습니다. 핸드레일 밑으로는 불빛이 나와 계단이나 경사로를 비추어, 넘어지지 않고 안전하게 다닐 수 있습니다.

건축에 있어서 보편적 디자인은 아직은 서울과 경기도에만 효력이 있는 조례에 규정되어 있고, 일부 공공시설에만 적용되고 있습니다. 보편적 디자인이 전국에 모든 영역에서 적용된다면 우리 사회가 많이 바뀔 것 같습니다. 그러한 노력이 조금씩 이루어지고 있습니다. 대표적인 예가 대형마트의 쇼핑카트입니다.

대형마트에는 쇼핑카트를 두고 있습니다. 이 쇼핑카트는 법에서 의무적으로 비치하라고 하지 않아도 마트들이 돈을 들여도 비치하고 있습니다. 고객들이 편하게 물건을 많이 사도록 하는 게 마트에 이익이 되기 때문이에요. 하지만 휠체어 이용자들은 이 쇼핑카트를 이용할 수 없습니다. 장애단체들의 요구로 대형마트에 장애인용 쇼핑카트를 반드시 두도록 법이 바뀌었습니다. 장애인용 쇼핑카트는 여러 가지로 의미가 있습니다. 우선 장애인을 마트의 고객으로 인정한다는 의미가 있지요. 그리고 휠체어 이용 장애인이 쇼핑카트를 이용하려면 건물의 접근성도 좋아야 하므로 결국은 건물 전체가 휠체어를 이용하는 고객을 위한 공간으로 점점 더 바뀔 수 있습니다. 처음에는 장애인용 쇼핑카트를 비치하는 데 비용이 들겠지만, 장기적으로 보면 마트에 다양한 고객이 늘어나는 것이기 때문에 마트에도 이익이 됩니다.

이렇게 보편적 디자인이 우리 삶의 곳곳에 적용되면 장애인들이 살기가 편해집니다. 장애인들이 살기 편한 사회는 장애가 없는 사람들에게도 살기 편한 사회입니다. 장애인을 위해 만들어진 지하철역의 엘리베이터를 장애인만 이용하는 것이 아니라 노인, 유아차나 여행용 가방을 끄는 사람들도 편리하게 이용하는 것을 생각해 보면 결국 보편적 디자인은 모두에게 좋은 것임을 알 수 있습니다.

보편적 디자인이 우리 사회의 원칙이 되는 사회를 상상해 봅니다. 이러한 상상은 몇 명의 사람들만 해서는 안 됩니다. 다양하게 경험하고 문제의식을 느낀 사람들이 함께 상상해야 변화가 일어날 수 있습니다.

손에 손잡고

1988년 서울올림픽의 개막식에서 「손에 손잡고」라는 주제곡이 울려 퍼졌습니다. 당시 미국과 소련이 대결하던 냉전이 끝나감을 알리는 상징적인 행사였죠. 당시 시대적 상황을 모르는 상태에서 들어봐도 감동적입니다. 서로 손을 잡는 것은 지금 우리에게 더 절실해 보이기도 합니다.

서로 손을 잡아야 하는 이유에 대해 이문재 시인은 "빈손이 그토록 무겁기" 때문에, 그래서 "미안함이 그토록 무겁기" 때문이라고 말합니다(이문재, 『지금 여기가 맨 앞』, 문학동네, 2014년, 「손은 손을 찾는다」 중에서). 외로움과 슬픔에 지쳐 있을 때, 손을 잡아 줄 사람이 없다면 얼마나 힘들까요? 그런 처지에 있는 빈손을 잡아 주지 못한다면, 그리고 영영 잡아 줄 수 없어진다면, 미안함은 얼마나 클까요? 그렇기 때문에 우리의 빈손이 무겁게 느껴집니다.

시인은 손을 잡을 때 일어나는 일에 대해 다음과 같이 표현합니다.

손이 손을 잡으면 영혼의 입술이 붉어진다.
손이 손을 잡으면 가슴이 환하게 열린다.
손이 손을 잡으면 피돌기가 빨라진다.
손이 손을 잡는 순간 기억을 공유한다.
손이 손을 잡는 순간 몸이 몸을 만난다.

– 이문재, 『지금 여기가 맨 앞』, 「손의 백서」 중에서

당장 곁에서 힘들어 하는 친구의 손을 잡아 주는 것은 서로에게 큰 위안이 될 거예요. 그리고 「손에 손잡고」의 노래 가사처럼 "벽을 넘어" 손을 잡는 것은 큰 의미가 있을 겁니다. 제도와 관심의 사각지대에 놓인 소수자의 손을 잡는 것도 중요합니다. 하지만 개개인이

모든 소수자의 손을 일일이 잡을 순 없어요. 그 몫은 옳은 사회제도와 환경을 만드는 것에 있지요.

누구나 차별당하지 않고, 당당하게 학교에 다닐 수 있는 방법은 없을까요? 난민 가족으로 한국에 온 4남매, 미등록 이주 아동도 쫓겨날 걱정 없이 우리 사회에서 안전하게 살아가는 방법은 무엇일까요?

여러 장치 중의 하나는 포괄적인 차별금지법을 만드는 것입니다. 이 법이 있으면 실제로 차별 대우를 받았을 때 이 법을 활용해 소송을 하거나 진정을 제기할 수 있습니다. 장애인들은 이미 장애인을 위한 차별금지법이 있어서 이 법을 활용해서 장애인의 차별을 없애는 진정이나 소송을 하고 있습니다. 시각·청각장애인을 위한 영화관 소송이나 휠체어 이용 장애인을 위한 '1층이 있는 삶' 프로젝트가 바로 그러한 예입니다. 장애인 차별금지법 덕분에 장애인들에 대한 차별이 많이 없어지거나 차별을 당했을 때 문제 제기를 할 수 있는 것입니다. 장애인뿐 아니라 우리 사회의 다양한 형태의 소수자에 대한 차별을 없애고, 차별을 당했을 때 문제 제기를 하려면 포괄적인 차별금지법이 필요합니다. 차별금지법은 우리 사회에서 차별을 막는 큰 우산의 역할을 할 수 있습니다. 이러한 법이 만들어진다는 것은 우리 사회 구성원들이 차별 대우를 받는 다양한 소수자들의 문제에 공감하고 차별을 막겠다는 약속을 한다는 의미가 있습니다.

소수 청소년

집을 나와 거리에서 지내는 청소년들이 얼마나 될까요? 여성가족부는 27만 명으로 추정합니다. 집을 나오는 사유 중 열에 일곱은 부모 등 가족과의 갈등 때문이라고 해요. 부모의 폭력을 피해서, 방치를 벗어나 거리로 나온 거예요. 나와서 끼니를 챙겨 먹기도, 잘 곳도 마땅치 않은데 미성년자라서 혼자서 할 수 있는 일이 거의 없습니다. 부모의 동의 없이 집을 구할 수도 없고 휴대폰을 개통할 수도 없으며 일자리를 구하기도 어렵지요. 그러다 보니 성매매나 성착취 영상물을 만드는 등의 일에 쉽게 연결되기도 합니다. 성을 매수한 어른은 초범이거나 반성한다는 이유로 처벌을 받지 않고, 성을 판매한 청소년은 처벌과 거의 유사한 보호처분을 받기도 했습니다. 성매매를 하게 된 청소년의 상황은 전혀 고려하지 않고 공범자로 취급당하며 수사와 재판 과정에서 2차 가해를 당해야 했습니다. 그러다 2020년 N번방 사건(성착취물을 찍어서 유포한 대규모 디지털 성범죄)이 알려졌고, 피해자 중에는 미성년자도 있었습니다. 그 사건을 계기로 성매매에 가담한 청소년들을 피해자로 보고 지원하는 내용으로 법이 개정되었습니다.

이처럼 꼭 필요한 지원은 받지 못하고 사회적으로 비난을 받는 청소년들이 많습니다. 성년이 되기 전에 아이를 낳아 키우는 청소년이나 성소수자인 청소년들도 그렇습니다.

10대 청소년이 임신과 출산을 겪는 과정은 몸도 힘들지만 가족이나 사회로부터 도움을 받기 어려워 더 힘들어요. 청소년이 원했든 원하지 않았든, 임신을 했다면 아이를 낳을지 말지는 청소년이 스스로 선택할 수 있어야 하고, 가족과 사회는 그 결정을 존중하고 지지해 줘야 합니다.

성소수자 청소년에 관해서 우리 사회에서 아직 공식적인 통계는 없지만 10명 중에 한 명은 스스로 성소수자라고 생각하거나 성소수자인지를 고민하는 것으로 추정됩니다(주재홍, 「'청소년 성소수자' 연구 동향 분석」). 성소수자 청소년들이 존재하는데도 학교에서 성교육을 할 때에는 이성애에 관한 내용만 담고 있고, 교내에서 성소수자에 대한 괴롭힘이나 차별도 많이 발생합니다. 학교에서 제대로 된 교육이 이루어지지 않으니 졸업 이후에도 군대나 직장과 동네에서도 차별이 이어집니다(홍성수 외, 「2020년 트랜스젠더 혐오차별 실태조사」).

집을 나온 청소년, 청소년 미혼부모와 청소년 성소수자는 다른 상황에 놓여 있지만 우리 사회에서 보면 소수자에 해당합니다. 보호와 함께 차별을 예방하는 조치가 필요합니다. 이들이 처한 상황과 어려움에 공감하고 지지하는 목소리를 낸다면 큰 힘이 될 것입니다.

나가며 - 뒷이야기

어떻게 둘이 글을 쓰게 되었나요?

현수: 제가 출판사로부터 먼저 제안을 받았어요. 처음에는 쓰기 어려울 것 같다고 했다가, 주언이 공익변호사로 활동하고 있어서 대표님께 추천하려고 했어요. 제안을 받은 주언은 책을 써 본 적이 한 번도 없어서 자신 없다며, 저한테 같이 쓰자고 설득했어요. 그래서 둘이 같이 써 보면 재밌겠다 싶어서 함께 글을 쓰게 되었죠.

주언: 평소에 서로의 일에 관해서 다양한 이야기를 나누면서 공감에 대해서 생각해 볼 기회가 많았던 것 같아요. 관심 있는 주제이지만 선뜻 용기를 내지 못했는데, 같이 쓰면 쓸 수 있을 것 같았어요.

글을 쓰는 과정이 어땠나요?

주언: 둘을 소개한 앞부분에 성향이 다르다고 썼는데요, 그래서 글쓰는 작업도 만만치 않았어요. 현수는 차근차근 글을 써 나가는 반면, 저는 몰아치기를 했지요. 현수가 틈틈이 책을 많이 보고 그 내용을 제게 공유해 주면서 서로 생각을 교환해 보려고 노력도 했습니다

(만 잘 되진 않았습니다). 저는 평소에 일이 바쁘다는 핑계로 책을 잘 안 봐요. 그리고 처음 글을 쓰면서 책을 참고하면 나의 글을 쓸 수 없을 것 같아서 제 경험과 생각을 그대로 표현하려고 노력했어요.

현수: 쓰기 어려울 것 같다고 미리 생각했던 것보다는 좋았어요. 사회의 문제나 제가 몸담고 있는 의대 교육과 관련한 생각을 좀 더 깊이 할 수 있었던 것 같아요.

둘은 공감이 잘 되나요?
글을 쓰면서 서로 공감을 더 하게 되었을까요?

주언: 저는 주로 늦게까지 일하고 늦잠을 자는 편이고 현수는 일찍 자고 일찍 일어나기 때문에 이야기를 많이 하기가 쉽지는 않아요. 그래도 주말에 만나서 대화를 많이 나누는 편이에요. 이야기 나누다 보면 첫째 아이가 엄마 아빠 둘이서만 이야기를 많이 한다고 서운해합니다. 그리고 글쓰기와 공감을 키워드로 정하고 이야기를 하는 것도 좋았던 것 같아요. 공감을 주제로 쓰려면 가까운 사람들의 상황에 더 공감해야겠다는 생각이 들어서 가족들이나 동료들에게도 조금은 더 노력했던 것 같아요.

현수: 부부가 같이 작업하는 게 쉽지 않더라고요. 서로 미묘한 생각의 차이를 더 확인하기도 했고요. 글을 쓰는 스타일이나 방식의

차이도 있었어요. 그런데 공감을 한다는 것이 꼭 서로 합의에 이르러야 한다는 것은 아닌 것 같아요. 서로 다른 점을 그대로 인정하고 그대로 받아들이는 것도 중요하다는 것을 많이 느끼게 된 공동 작업이었습니다.

글을 쓰면서 어디에 초점을 두었나요?

현수: 공감을 하자는 막연한 구호는 한계가 있다고 생각했어요. 그래서 공감이 일어나는 마음의 작용을 소개하고, 그 작용 그대로 따라가다 보면 공감을 하면서도 그렇게 좋은 결과가 나오지 않을 수 있음을 강조하려 했습니다. 공감은 분명 좋은 것이기는 하지만, 우리의 공감 능력을 좋은 쪽으로 쓸 수 있도록 의식적으로 노력해야 한다고 말하고 싶었어요.

주언: 저는 법을 다루는 일을 하다 보니, 자꾸 법과 관련 지어 이야기를 하게 되더라고요. 이 책을 읽는 친구들이 너무 어렵고 재미없게 느낄까 봐 사례를 통해서 최대한 문제의식을 담으려고 노력했어요. 결국 법은 사람들을 위해서 만들어지는 것이고, 많은 사람이 찬성하면 법이 바뀔 수도 있으니까 실제로 문제가 있는 부분들을 알려서 많은 사람이 공감해 주면 좋겠다고 생각했어요.

서로 어떤 내용이 특히 인상적이었나요?
혹은 공감이 되었나요?

주언: 저는 평소에도 실험이나 책 이야기를 들려주면 재밌게 듣는 편인데, 이번에도 공감하는 쥐 이야기나 책에 담지 못했지만 사람들을 죄수와 교도관으로 설정해 행동 변화를 관찰한 스탠퍼드 감옥 실험 이야기를 듣고 공감에 관해서 이야기를 해 본 것이 특히 좋았어요.

현수: 평소 주언이 진행하고 있는 소송에 관한 이야기를 듣곤 했는데, 이번 책을 같이 쓰면서 더 의식적으로 그 사례들을 생각하게 된 것 같아요. 특히 유아차에 아이들을 태우고 다닐 때 불편함을 많이 겪고 있어서 '1층이 있는 삶' 프로젝트에 공감을 많이 했습니다. 최근에 함께 길을 가다가 시립 평생학습관을 지나는데, 경사로가 없는 것을 보고 제가 주언에게 "어 공공건물인데 경사로도 없고 여기 너무하네!"라고 말을 했어요. 주언이 둘러보았는데 정말 정문에 두세 개의 계단만 있었어요. 후문에 경사로가 있는지, 후문은 어디에 있는지 아무런 안내도 없었습니다. 우리는 먼 길을 돌아서 후문을 가 보았어요. 후문에는 경사로가 있었지만, 코로나19로 폐쇄된 상태였지요. 그 건물을 뒤로 하고 집으로 돌아오는 길에 우리는 과연 정문과 후문 중에 하나만 열어야 한다면, 어떤 문을 개방하는 것이 옳

을까에 대해 이야기를 나누었습니다.

소수자란 누구일까요?

주언: 숫자로 많고 적음의 문제는 아닌 것 같고, 사회적으로 목소리를 크게 내기 어려운 조건이나 환경에 놓여 있는 사람이라고 생각해요. 장애인의 경우 개인의 신체나 정신에 손상이 있는 경우라고 생각하기 쉽지만, 환경이 뒷받침되지 못해 배제되기 쉬운 사람들이라고 볼 수 있습니다. 휠체어를 탄 사람들이 들어갈 수 있는 건물과 들어가지 못하는 건물이 있다면 그건 사람의 문제가 아니라 건물의 문제라고 보아야 합니다. 환경의 문제로 보면 특정한 사람들의 문제가 아니라 우리 모두의 문제가 되지요. 소수자가 겪는 문제를 우리의 문제로 바라보면 좋겠습니다.

현수: 주언의 생각에 적극 동의합니다.

좋은 공감을 하기 위해서는
어떤 노력이 필요하다고 생각하나요?

현수: 애덤 스미스는 『도덕감정론』에서 상황의 전후 맥락을 제대로 알아야 옳은 방향으로 공감하고 행동할 수 있다고 했습니다. 전

후 맥락은 결국 그 사람의 이야기입니다. 주의 깊게, 열린 마음으로 이야기를 들어야겠죠. 자신의 기준으로 섣불리 판단하지 않는 것도 중요합니다. 상대방의 입장을 상상해야 하지요. 공감하기 위한 상상력이 중요하다고 생각합니다.

상상력은 문학을 읽고, 좋은 영화나 드라마, 만화를 보면서 기를 수 있습니다. '서사예술'이라고 묶어서 부를 수 있겠네요. 서사예술을 보면서 등장인물의 상황과 감정에 대해 이입하고 상상하다 보면, 주변 사람에게도 공감하는 상상력을 발휘할 수 있다고 생각해요.

주언: 때론 이야기를 가려서 들을 필요가 있습니다. 인터넷 세상의 이야기는 과장과 거짓이 섞여 있기도 하고, 나와 다른 입장의 이야기가 전달되지 않기도 합니다. 서로 다른 사람들이 부대끼며 살아야 하는데도 말이죠. 이야기를 듣지 않거나 침묵시키는 것은 누구에게도 공감하지 않는 폭군이 되는 것과 같습니다. 그러나 인터넷에서 소수자의 목소리와 이야기는 아주 먼 곳에서 작게 들려오는 듯합니다. 소수자의 이야기에 우리 사회 전체가 귀를 막고 있는 것처럼요.

장벽을 치우고, 귀를 활짝 여는 일은 개개인의 노력으로 부족한 경우도 많습니다. 법과 제도가 뒷받침되어야 하죠. 법과 제도를 바꿀 때 소수자의 이야기에 귀 기울일 필요가 있다는 것을 다시 한번 말하고 싶네요.

생각이 찾아오는 학교 너머학교

생각한다는 것
고병권 선생님의 철학 이야기
고병권 글 | 정문주 · 정지혜 그림

탐구한다는 것
남창훈 선생님의 과학 이야기
남창훈 글 | 강전희 · 정지혜 그림

기록한다는 것
오항녕 선생님의 역사 이야기
오항녕 글 | 김진화 그림

읽는다는 것
권용선 선생님의 책 읽기 이야기
권용선 글 | 정지혜 그림

느낀다는 것
채운 선생님의 예술 이야기
채운 글 | 정지혜 그림

믿는다는 것
이찬수 선생님의 종교 이야기
이찬수 글 | 노석미 그림

논다는 것
오늘 놀아야 내일이 열린다!
이명석 글 · 그림

본다는 것
그저 보는 것이 아니라 함께 잘 보는 법
김남시 글 | 강전희 그림

잘 산다는 것
강수돌 선생님의 경제 이야기
강수돌 글 | 박정섭 그림

사람답게 산다는 것
오창익 선생님의 인권 이야기
오창익 글 | 홍선주 그림

삼국유사,
끊어진 하늘길과 계란맨의 비밀
일연 원저 | 조현범 지음 | 김진화 그림

종의 기원,
모든 생물의 자유를 선언하다
찰스 다윈 원저 | 박성관 지음 | 강전희 그림

너는 네가 되어야 한다
고전이 건네는 말 1
수유너머R 지음 | 김진화 그림

나를 위해 공부하라
고전이 건네는 말 2
수유너머R 지음 | 김진화 그림

독서의 기술,
책을 꿰뚫어보고 부리고 통합하라
모티머 J. 애들러 원저 | 허용우 지음

우정은 세상을 돌며 춤춘다
고전이 건네는 말 3
수유너머R 지음 | 김진화 그림

대화편,
플라톤의 국가란 무엇인가
플라톤 원저 | 허용우 지음 | 박정은 그림

감히 알려고 하라
고전이 건네는 말 4
수유너머R 지음 | 김진화 그림

아Q정전,
어떻게 삶의 주인이 될 것인가
루쉰 원저 | 권용선 지음 | 김고은 그림

언제나 질문하는 사람이 되기를
고전이 건네는 말 5
수유너머R 지음 | 김진화 그림

경연,
평화로운 나라로 가는 길
오항녕 지음 | 이지희 그림

유토피아,
다른 삶을 꿈꾸게 하는 힘
토머스 모어 원저 | 수경 지음 | 이장미 그림

작은 것이 아름답다,
새로운 삶의 지도
에른스트 프리드리히 슈마허 원저 | 장성익 지음 | 소복이 그림

성서,
삶의 진실을 향한 무한 도전
손기태 지음 | 이유정 그림

삼국지,
천 년 넘어 새로워진 이야기
나관중 원저 | 장동석 지음 | 홍선주 그림

욕망,
고전으로 생각하다
수유너머N 지음 | 김고은 그림

사랑,
고전으로 생각하다
수유너머N 지음 | 전지은 그림

진화와 협력,
고전으로 생각하다
수유너머N 지음 | 박정은 그림

다음 세대를 위한 북한 안내서
한 걸음 더 가까이 평화의 시대 북한, 북한 사람들
서의동 글 | 김소희 그림

그림을 그린 **키미앤일이** 선생님은
그림을 그리는 키미와 글을 쓰는 일이입니다.
바람 따라 구름 따라 흘러 다니는 것을 좋아합니다.
매번 새로워지고 달라져서 가끔 뭘 하는 사람들인지 헷갈릴 때도 많지만, 그래도 항상 그림을 그리고 글을 씁니다.
삶도 작업도 아름답기를 바라며 하루하루 열심히 살아가고 있습니다.

공감한다는 것

2022년 6월 18일 초판 1쇄 발행
2023년 4월 25일 초판 2쇄 발행

지은이	이주언·이현수
그린이	키미앤일이
펴낸이	김상미, 이재민
편집	서현미
디자인	정계수
종이	다올페이퍼
인쇄	청아문화사
제본	국일문화사
펴낸곳	(주)너머_너머학교
주소	서울시 서대문구 증가로20길 3—12
전화	02)336—5131, 335—3366, 팩스 02)335—5848
등록번호	제313—2009—234호

너머북스와 너머학교는 좋은 서가와 학교를 꿈꾸는 출판사입니다.